Brigitte Kleino

Grüne Wände für Haus

Brigitte Kleinod

# Grüne Wände für Haus und Garten

## Attraktive Lebensräume mit Kletterpflanzen

Planen • Bauen • Bepflanzen

illustriert von Margret Schneevoigt

pala verlag

*Dieses Buch ist Helmut und Margrit Hintermeier gewidmet. Beide tragen mit ihrem Wissen, den wunderbaren Fotos und ihren Veröffentlichungen zu »Blütenpflanzen und ihren Gästen« ganz wesentlich zum Verständnis der Blütenökologie bei. Vielen Dank dafür! Möge daraus ein Umdenken bei der Auswahl der Pflanzen für Gärten erwachsen. Denn ohne Hummeln und Schmetterlinge ist eine Grünfläche am Haus kein Garten.*

# Inhalt

# Grau raus, Grün rein

Kletterpflanzen lockern monotone Fassaden auf, kaschieren unschöne Ecken und bringen auch dort Leben in Straßen und Siedlungen, wo kein Platz für Bäume oder Sträucher ist. Früher haben viele Gebäude mit und ohne Keller von einem grünen Pelz profitiert. Das reich verzweigte Wurzelwerk hielt Keller und Fassade trocken und die Blattmasse spendete im Sommer kühle, mit Sauerstoff angereicherte Luft. Immergrüne Fassadenkletterer schützten Mörtel und Putz das ganze Jahr vor Schlagregen. Spalierobst an der Südseite machte das Ernten von wärmeliebenden Obstarten möglich und blühende Kletterpflanzen verströmten einen bezaubernden Duft.

Mit dem Aufkommen trockener, bewohnbarer Keller wurde das Anbringen von Kletterpflanzen direkt am Fuß der Gebäude schwierig. Sachliche Baustile, neue kunststoffhaltige Putze und Farben, das Bedürfnis nach »Sauberkeit«, Vorurteile gegenüber Spinnen und Insekten und eine zunehmende Verstädterung ließen grüne Fassaden fast ganz aus den Wohngebieten verschwinden. Und kaum erlebten sie im Zuge der Umweltschutzbewegung eine Renaissance, kamen die Themen Wärmedämmung und energetische Sanierung von Wohngebäuden auf und machten auch hier die neuen, teils öffentlich geförderten Ansätze der Fassadenbegrünung erst einmal wieder zunichte. Hinzu kommt, dass Kletterpflanzen teils aus Unkenntnis, teils aus ökonomischen Gründen bei Architekten und Baudekorateuren völlig zu Unrecht einen schlechten Ruf genießen. Denn Probleme zwischen Kletterpflanzen und Fassade entstehen nur, wenn man Fehler bei der Montage des Klettergerüstes und der Auswahl und Pflege der Pflanze macht – unabhängig davon, ob die Fassade wärmegedämmt oder ungedämmt ist, verputzt oder mit Holz verschalt wurde. Dieses Buch soll helfen, solche Fehler zu vermeiden und wieder mehr Grün an Hauswände zu bringen.

Kletterpflanzen können aber auch an Nebengebäuden und im Garten zahlreiche Standorte erobern. Man braucht sich um das »Design« von Zäunen, Sichtschutzwänden, Garagen und Gartenschuppen weniger Gedanken zu machen, wenn man die Objekte begrünt. Vor allem werden so auch in kleinen Höfen und Gärten die Grünflächen vergrößert und zahlreichen Tieren Lebensraum und Nahrung geboten. Die Auswahl geeigneter Pflanzen ist groß und es gibt kaum einen Standort, der sich nicht erfolgreich begrünen ließe.

In der Natur sind Kletterpflanzen unschlagbar, wenn es darum geht, schnell ans Licht zu wachsen. Sie erklimmen Bäume, Sträucher und Felsen und sparen sich einen eigenen Stamm. Warum nicht diese Talente im eigenen Garten für Zäune, Mauern, Pergolen und Wände nutzen? Selbst als Gestaltungsmaterial für Raumteiler, Obelisken, Skulpturen und andere Blickfänge sind die Kletterkünstler bestens geeignet. Wenn man etwas über ihr Kletter- und Wachstumsverhalten weiß und sie mit den passenden Rankgerüsten lenkt, kann man ihre Vielseitigkeit an Gebäuden und im Garten kreativ nutzen. Außerdem bieten sie Ihnen und zahlreichen Tieren schon kurz nach der Pflanzung dekoratives Laub, schöne und duftende Blüten oder essbare Früchte.

So hoffe ich, dass Sie nach der Lektüre alle passenden Orte an Ihrem Haus, im Hof und im Garten bald entdecken und fachgerecht begrünen werden. Denn selbst mit nur einer neuen Pflanze zieht auch eine Vielzahl von interessanten Tierarten in Ihrer direkten Nachbarschaft ein.

*Brigitte Kleinod*

## Kleiner Aufwand, große Wirkung

Spektakuläre Begrünungen von Hochhausfassaden in Großstädten haben die Fassadenbegrünung wieder mehr ins Blickfeld von Architekten und Betrachtern gerückt. Dass es sich dabei um technisch und energetisch aufwendige und teure Begrünungssysteme handelt, wissen die wenigsten Bewunderer dieses Fassadenschmucks. Für den Eigenheimbesitzer, eine Eigentümer- oder Mietergemeinschaft kommen diese teuren, wandgebundenen Systeme eher nicht infrage, denn sie müssen zusammen mit dem Bewässerungssystem bereits beim Bau des Hauses geplant werden. Ihre Unterhaltung erfordert zudem Spezialwissen und Energie. Die verwendeten Pflanzen sind zudem meist

*An vielen historischen Gebäuden gehört der Fassadenschmuck mit Kletterpflanzen ganz selbstverständlich zur Architektur.*

keine heimischen Kletterpflanzen, sondern teilweise exotische Stauden und Zwerggehölze, die natürlicherweise Extremstandorte wie Felsvorsprünge und Felsspalten besiedeln.

Ganz anders verhält es sich dagegen mit der traditionellen bodengebundenen Begrünung, die Gegenstand dieses Buchs ist. Schon viele Hundert Jahre gibt es Fassadenbegrünungen an Burgen, Kirchen, Schlössern, Weingütern, Bauernhöfen und Stadtvillen. Außerdem wurden seit Generationen Stadt- und Stützmauern, Pergolen, Laubengänge und Nebengebäude auf dem Lande genauso wie in Parks und bürgerlichen Stadtgärten begrünt. Diese Methode ist so nachhaltig, dass es noch immer historische Gebäude mit jahrhundertealten Klettergehölzen gibt. Sie haben die Fassade die gesamte Zeit vor der Witterung geschützt und so zu deren Erhalt beigetragen. Nicht nur das Blattwerk hat daran seinen Anteil, auch das Wurzelsystem der Klettergehölze hat das Fundament die gesamte Zeit über trocken gehalten und so vor Schäden bewahrt.

Dies kann nur eine bodengebundene Begrünung leisten, bei der die Klettergehölze im Boden neben dem Gebäude wurzeln, und von dort nach und nach die Wände erobern. Diese Begrünung nach dem Vorbild der Natur funktioniert ganz von alleine und nachhaltig, wenn man die wichtigsten Voraussetzungen dafür kennt.

### Bodengebundene Begrünung

Als »bodengebundene« (auch »klassische« oder »traditionelle«) Fassadenbegrünung wird, laut Fachwerksvereinigung Bauwerksbegrünung, ein in der Regel teilflächiger Fassadenbewuchs durch oberirdische Teile meist ausdauernder Pflanzen bezeichnet. Die Pflanzen werden vor der Fassade in Beete gepflanzt, wurzeln dort und erobern mit oder ohne Kletterhilfe die Wände. Auf Balkon, Terrasse oder Brüstung können die Kletterpflanzen auch in Pflanzgefäßen untergebracht werden und müssen dann regelmäßig bewässert werden.

# Vorurteile überwinden

Viele Hausbesitzer haben oft große Angst vor jeder Art von Grün, das ihrem Haus zu nahe kommt. Einige fürchten, dass dadurch Tiere angelockt werden und ins Haus geraten können, andere glauben, dass Kletterpflanzen dem Haus schaden könnten. Doch zerstören Pflanzen wirklich die Bausubstanz?

In die Kanalisation eingewachsene Wurzeln haben das Vorurteil geschürt, dass Pflanzenwurzeln ungeheure Kräfte entfalten und Rohre zerdrücken können. Doch dort, wo Wurzeln ein Abwasserrohr gefunden haben, gab es bereits einen Schaden, z. B. durch feine Risse, Rohrbruch oder beschädigte Dichtungen. Die Wurzeln werden durch die Feuchtigkeit im umgebenden Erdreich angelockt und wachsen in die Richtung, in der sie Feuchtigkeit spüren. Wachsen die Wurzeln und werden so dicker, können aus kleinen Rissen große Rohrbrüche werden. Von Wasser in intakten Rohrsystemen können die sensiblen Wurzelspitzen jedoch nichts »wissen«. Sie umschlingen aber oft intakte Abwasserrohre, da an deren Außenwänden Wasser entlangläuft. Denn die Grenzfläche zwischen Rohr und umgebendem Erdreich (bzw. Sandbett) wirkt wie eine Dränage und leitet Wasser im Erdreich entlang der Rohre ab. Das äußere Wurzelgeflecht bringt das Rohr aber nicht zum

### Wandgebundene Begrünung

Bei vertikalen Gärten in der Großstadt, spektakulär begrünten Hochhauswänden oder Pflanzenbildern im Wohnzimmer handelt es sich um technisch aufwendige Begrünungslösungen, bei denen die Pflanzen keinen Kontakt zum Boden haben, sondern in Pflanztaschen, Metalltrögen und Ähnlichem in einer vorgehängten Wand in speziellen Substraten wurzeln. Sie müssen regelmäßig mittels einer speziellen Bewässerungstechnik mit Wasser und Nährstoffen versorgt werden.

Bersten, da die Wasser aufnehmenden Wurzeln nicht verholzen und keine Haltefunktion entwickeln.

Ähnlich sieht es auch mit Schäden durch Kletterpflanzen an Fassaden aus. Wo der Putz durch Kletterpflanzen abbröckelt, war er bereits lose und wurde von den Haftorganen vollends abgelöst. Kletterpflanzen wachsen nicht in intakte Mauern oder Wandputze hinein. Nur wenige Arten benutzen sie als Untergrund für ihre Haftscheiben oder Wurzelhaare (siehe Seite 55). Historische Bauwerke haben im Gegenteil gezeigt, dass überall dort, wo Kletterpflanzen das Mauerwerk bedecken, die Bausubstanz viel besser erhalten bleibt. Die Pflanzen halten durch die entwässernde Wirkung der Wurzeln Fundament und Mauer trocken. Das Blattwerk schützt vor Schlagregen, ähnlich wirksam wie eine vorgehängte Fassade. Sogar alte Kalkputze und Fugen bleiben Jahrhunderte lang unter dem schützenden Grün erhalten, da es sie wirksam vor der Witterung schützt.

Doch nicht jede Kletterpflanze passt zu jedem Untergrund, und so ist es wie bei allen Begrünungsmaßnahmen ratsam, erst einmal die Pflanzen und ihre unterschiedlichen Klettertechniken kennenzulernen (mehr dazu ab Seite 91).

Und wie steht es mit den Tieren? Von begrünten Hauswänden, Balkonen oder Dächern werden zwar Tiere angelockt, da sie hier Nahrung und Unterschlupf finden, doch sie fühlen sich im Haus nicht wohl und geraten selten und eher zufällig in die Wohnung. Auch hier überwiegen eher die Vorteile durch die Begrünung: Eine interessante Tierwelt kann direkt vor unserer Haustür beobachtet werden, lästige Fliegen oder Stechmücken werden durch Fledermäuse, Vögel oder Eidechsen ferngehalten und bereits auf kleinen Flächen kann mit begrenztem Aufwand viel für den Artenerhalt und Naturschutz geleistet werden (siehe Seite 91).

*Das wenig scheue Rotkehlchen profitiert von Verstecken im Laub der Kletterpflanzen und den Insekten, die darauf zu finden sind.*

### Ein kleiner Blick in die Geschichte der Hausbegrünung

Bereits in der Antike wurden kletternde Pflanzen wie Wein, Rosen und Efeu zur Begrünung von Bauwerken genutzt. In der Renaissance waren die mit Kletterpflanzen berankten Pergolen und Lauben wichtige Gestaltungselemente. Ab Mitte des 17. Jahrhunderts wurden zunehmend Pflanzenarten aus Amerika und Ostasien nach Europa gebracht, so z. B. die Jungfernrebe *(Parthenocissus)*, die Glyzine *(Wisteria)* und der Schling-Flügelknöterich *(Fallopia aubertii)*.

Durch eine vielfältige Züchtungsarbeit weitete sich das Arten- und Sortenspektrum der Zier- und Nutzpflanzen im 19. Jahrhundert beträchtlich aus. Die Begrünung von Bürger- und Landhäusern war sehr beliebt und auch an vielen städtischen Fassaden rankten Kletterpflanzen empor. Ab Mitte des 20. Jahrhunderts ließen die neuen sachlichen Baustile und das Selbstverständnis vieler Architekten die Fassadenbegrünung jedoch zunehmend in Vergessenheit geraten.

Erst seit Kurzem hat das aufkommende ökologische Bewusstsein dazu geführt, dass die Begrünung bei der Planung von Häusern und Siedlungen wieder verstärkt berücksichtigt wird. Besonders Dachbegrünungen genießen hohe Akzeptanz und werden als Ausgleich für die überbaute Fläche empfohlen. Die traditionelle Fassadenbegrünung an Wohnhäusern konnte damit leider nicht Schritt halten. Die Renovierung historischer Bauten und die vermehrte Dämmung älterer Fassaden führen aktuell sogar zur Vernichtung vieler bodengebundener Bauwerksbegrünungen. Danach wird dann leider oft eine Neupflanzung vergessen, da man die frisch renovierte Fassade zeigen möchte. Dabei gehört eine Begrünung mit traditionellen Kletterhilfen oft zum historischen Bild dazu. Die noch jungen, technisch aufwendigen, wandgebundenen Begrünungsformen an Neubauten können diesen Verlust der Grünflächen weder optisch noch ökologisch ausgleichen.

# Prima Klima durch begrünte Flächen

Pflanzen verschönern nicht nur Mauern und Fassaden, sie tragen auch ganz erheblich zur Verbesserung des Wasser- und Klimahaushaltes in bebauten Gebieten bei. Die offenporigen Flächen der Pflanzbeete lassen das Regenwasser versickern und zurück in den Wasserkreislauf gelangen. Die großen Blattmassen der Kletterpflanzen binden Staub und Abgase, was besonders in der Stadt eine nicht zu unterschätzende positive Wirkung hat. Die Pflanzen geben große Mengen Sauerstoff und Wasserdampf an die Umgebung ab. So wird die Umgebungsluft gekühlt und das Mikroklima erheblich verbessert. Die Temperaturunterschiede zwischen einem begrünten und einem kahlen Innenhof können im Sommer einige Grad Celsius betragen!

Begrünte Fassaden schützen auch das Mauerwerk, wenn die Bepflanzung fachgerecht durchgeführt wurde. Das Blätterwerk der Kletterpflanzen beschattet die Fassade und mildert Temperaturspitzen, die sonst zu Rissen im Putz führen können. Feuchtigkeit wird vom Bauwerk abgehalten, das Regenwasser läuft an der Blätterwand ab und versickert im Boden, wo es von den Pflanzenwurzeln wieder aufgenommen wird. Die Kletterpflanzen halten so das Haus am Fuß und den Keller trocken, ohne dabei eine fachgerechte Dränage zu gefährden.

*Wind- und Regenschutz: Hinter dem Laub bildet sich ein Luftpolster, an der Blätterwand läuft das Regenwasser ab.*

*Sonnenschutz: Die Wand hinter den Blättern bleibt kühl, starke Temperaturschwankungen werden vermieden.*

## Wärmeschutz durch Fassadenbegrünung

Eine begrünte Fassade sorgt für einen zwar kleinen, aber durchaus messbaren Wärmeschutz, der dem einer vorgehängten Fassade (aus Holzlatten oder Schieferplatten) entspricht. An sonnenabgewandten Gebäudewänden sorgen die Blattmassen für eine wirkungsvolle Windbremse und verhindern so, dass Energie verloren geht, denn schon relativ geringe Windgeschwindigkeiten können zu messbaren Energieverlusten führen. Zudem tauscht sich die Luftschicht zwischen der Blätterwand und dem Mauerwerk nur langsam aus. So entsteht ein dämmender Übergang zwischen der Temperatur im Mauerwerk und der Außentemperatur. An der Südseite verhindert die Blattmasse, dass sich das Mauerwerk im Sommer zu sehr aufheizt, was sowohl positiv für die Fassade als auch das Raumklima im Haus ist. An dunklen Fassaden werden so auch Spannungsrisse verhindert. Im Winter sollten ungedämmte Gebäudeflächen mit Südausrichtung aber frei von Blättern sein, damit das Sonnenlicht das Mauerwerk zur passiven Energiegewinnung erwärmen kann.

# Grüne Fassaden als Lebensraum

Eine Begrünung mit Kletterpflanzen am Haus und im Garten kann den verschiedensten Tierarten Lebensräume bieten und damit wiederum Nahrungsgrundlage für weitere Arten sein. Wie in anderen Biotopen stellen sich die verschiedensten Wechselbeziehungen zwischen Pflanzen und Tieren ein, von denen auch wir Menschen profitieren. So nisten in begrünten Wänden gerne Vögel, da sie hier gut geschützt brüten können (mehr dazu ab Seite 103). Durch das Anbringen von Nisthilfen kann man das Artenspektrum beträchtlich erweitern, sodass man an einer einzigen begrünten Fassade im Frühjahr viele Brutplätze zählen kann.

Auch Bienen, Hummeln und Schmetterlinge werden den Weg zu Ihnen finden, wenn die Kletterpflanzen blühen. Im Herbst und Winter dienen die daraus entstehenden Früchte den flügge gewordenen Jungvögeln als willkommene Nahrung.

Gerade eine immer dichter werdende Bebauung muss uns darüber nachdenken lassen, wie jedes noch so kleine Fleckchen Erde erhalten bzw. der Natur zurückgegeben werden kann. Das größte Flächenpotenzial, die Wände und Plätze an Haus und Nebengebäuden, aber auch Zäune und Mauern, werden dabei oft vergessen. Werden sie miteinbezogen, lässt sich die Grünfläche auf dem Grundstück oft vervielfachen. Der Gewinn für die Bewohner ist oft von unschätzbarem Wert, sind doch Pflanzen nicht nur wichtige Klimaverbesserer, sondern tragen auch zum Wohlbefinden bei: Die Pflanzen erfreuen Augen und Nase mit üppigen Blüten und wohlriechenden Düften, regen durch ganz unterschiedliche Strukturen unseren Tastsinn an und beruhigen unsere Sinne im hektischen Alltag durch frisches Grün. So kann uns auch in der Stadt der tägliche Blick auf eine begrünte Fassade und deren tierische Besucher den Wechsel der Jahreszeiten erleben lassen und unsere Verbundenheit mit der Natur verstärken.

*Die Grüne Laubheuschrecke ernährt sich von kleineren Insekten und ist eine wichtige Nahrung für Vögel und Fledermäuse.*

# Mehr Grün auf kleinen Flächen

In Städten und dicht bebauten Siedlungen ist jeder Quadratmeter Grünfläche wertvoll. So konkurriert der Flächenbedarf für Pflanzen oftmals mit der vom Gartenbesitzer selbst genutzten Fläche. Eine einreihige Hecke ist etwa 3 Meter breit, eine geschnittene Hecke kann mit 1 Meter auskommen, aber Kletterpflanzen an Zaun oder Sichtschutz brauchen nur 30 bis 50 Zentimeter Breite, um sich entfalten zu können – besonders für kleine Grundstücke optimal. In Höfen gibt es oft gar keinen Platz für einen Strauch oder Baum. Dort bieten sich nur die Mauern und Wände zur Begrünung an. Und die positiven Effekte dieser Grünflächen stehen einer Bepflanzung mit Bäumen und Sträuchern in nichts nach.

Begrünte Wände, Mauern, Zäune und Sichtschutzelemente sind platzsparende und zugleich wirkungsvolle Maßnahmen, um einen Hof oder Garten »einzurahmen«. Doch Kletterpflanzen können noch mehr. So kann man mit frei stehenden begrünten Elementen einen Hof oder

### Locken Kletterpflanzen Tiere ins Haus?

Angst vor Spinnen oder Insekten in der Wohnung ist kein Grund, auf die Fassadenbegrünung zu verzichten. Natürlich kann sich eine Spinne im Winter ins Haus verirren, aber das passiert auch in nicht begrünten Häusern. Lästige Fliegen und Stechmücken werden durch das Vorhandensein von Spinnen eher dezimiert, da sie deren Beute sind. Es ist aber sicher richtig, dass an einer nackten, windumtosten Fassade in versiegelter, steriler Umgebung weniger Insekten und Spinnen vorkommen als an einer von Blättern geschützten Wand in begrünter Umgebung. Allerdings haben Untersuchungen gezeigt, dass an einer begrünten Fassade weniger Individuen als in einer vergleichbaren Gartenfläche zu erwarten sind. Das liegt unter anderem an den zahlreichen kleinen und großen Räubern, die sich hier gut geschützt vor größeren Feinden in und an den Kletterpflanzen tummeln und an Spinnen und Insekten laben.

Garten gliedern, einzelne Gartenzimmer schaffen und dem Garten eine Struktur geben. Durch die Untergliederung wirkt ein Garten sogar größer, da er nicht mit einem Blick umfasst werden kann.

Mit Kletterpflanzen lassen sich aber auch unschöne Ecken wie Mülltonnenplätze verbergen, schmucklose Gartenhütten umranken und triste Koniferen zum »Blühen« bringen. Kletterpflanzen an passenden Kletterhilfen betonen auch den besonderen Stil eines Gartens oder Innenhofs. So wirkt beispielsweise eine duftende rosa Kletter-Rose am Bogen romantisch, eine kletternde heimische Wild-Rose in der Hecke eher naturnah.

*Ein berankter Unterstand lässt die hässlichen Tonnen optisch verschwinden. Er sollte großzügig bemessen werden, damit man die Kletterpflanzen nicht dauernd schneiden muss.*

### Grüne Räume schaffen

Mit der Begrünung von senkrechten Flächen lassen sich Gartenräume gliedern. Durch geschickte Anordnung von Pflanzkübeln, erhöhten Beeten, Spalieren und anderen Raum bildenden Gestaltungselementen kann man aus einem einzigen Hof oder Garten mehrere grüne Zimmer entstehen lassen. Allerdings sollten Sie dabei das Gesamtkonzept nicht aus dem Auge verlieren und den Hof bzw. Garten nicht zustellen. Lassen Sie stets Blickbeziehungen zwischen den Räumen offen. Das erzeugt Spannung und lässt den Garten bzw. Hof größer erscheinen.

Bedenken Sie immer auch die geplante Nutzung zu verschiedenen Tageszeiten, Jahreszeiten und Lebenssituationen. Beispielsweise verändern sich die Bedürfnisse von Familien, wenn die Kinder größer werden.

Betrachten Sie Hof oder Garten wie ein Wohnzimmer, das allen Familienmitgliedern als Aufenthaltsraum dient, zum Essen, Feiern, Ausruhen, Lesen oder Spielen. Eine begrünte Terrasse kann aber auch die Küche erweitern, z. B. mit Kräuterbeeten, Spalierobst, Tomaten in Kübeln oder einem Grillplatz mit Anrichte. Haben Sie keinen weiteren Gartenbereich, dient der Hof zumindest vorübergehend als Kinderspielplatz und/oder Hobbyraum. Auch zum Lagern von Kaminholz, Gartengeräten, Kinderspielzeug und von Kübeln im Winter sollte es ein Plätzchen geben. All diese Räume lassen sich einfach mit begrünten Kletterhilfen abteilen und verschönern (siehe auch Seite 129).

Zusammenfassend lässt sich sagen, dass begrünte Fassaden, Mauern und Zäune einen maßgeblichen positiven Einfluss auf das Wohlbefinden der Menschen in Siedlungen und Städten haben. Sie helfen, das Wohn- und Arbeitsumfeld naturnaher und menschenfreundlicher zu gestalten, und haben zudem einen deutlich wahrnehmbaren positiven Einfluss auf das Mikroklima der Umgebung.

Die Nachteile sind dagegen vernachlässigbar: ein bisschen Aufwand für Kauf oder Bau und Anbringen der Kletterhilfen und die jährliche Pflege der Pflanzen.

## Vorteile von Fassadenbegrünungen in Siedlungen und Städten

*Für die Gesundheit:*

- ▹ Lebendiges Grün erleben (Wohlbefinden und Sinneseindrücke)
- ▹ Schall dämmen und Schallreflexionen mindern
- ▹ Feinstaub binden und Schadstoffe filtern
- ▹ Sauerstoff bilden

*Für Klima und Umwelt:*

- ▹ Luftbefeuchtung und Kühlung im Sommer
- ▹ Kohlendioxid binden, Sauerstoff bilden
- ▹ Regenwasserrückhalt und Entlastung der Kanalisation

*Für den Gebäudeschutz:*

- ▹ Schutzhülle vor Schlagregen und Hagel
- ▹ Schutz vor UV-Strahlung und Verwitterung
- ▹ Schutz vor starken Temperaturschwankungen und damit Spannungsrissen
- ▹ Schutz vor Graffiti
- ▹ Fundament und Keller trocken halten

*Für den Naturschutz:*

- ▹ Artenvielfalt der Pflanzen erhöhen
- ▹ Artenvielfalt der Tiere erhöhen
- ▹ Lebensräume außerhalb und innerhalb der Stadt/Siedlung vernetzen

**Tipp** *Kletterhilfen sollten Sie rechtzeitig einplanen. Falls Sie neu bauen oder Ihre Fassade neu gestalten bzw. dämmen möchten, sollten Sie das Anbringen von Kletterhilfen bereits vor der Baumaßnahme mit dem Planer bzw. Ausführenden besprechen (mehr dazu ab Seite 31).*

# Kletterpflanzen kennenlernen

Kletterpflanzen können sich nur mithilfe einer Unterlage aufrichten. Sie entwickeln in ihrer Jugend keine selbsttragenden Stämme oder Triebe, sondern nutzen andere Pflanzen oder Felsen, um schnell ans Licht zu gelangen. Das verschafft ihnen einen Vorteil gegenüber Bäumen, die viel Energie in ein tragfähiges Stützgerüst aus Holz stecken müssen und entsprechend langsam wachsen. Andererseits sind Kletterpflanzen abhängig von der Standfestigkeit des Baumes, an dem sie sich emporwinden. Doch es ist selten, dass eine Kletterpflanze ihren stützenden Baum durch ihr Gewicht oder »Lichtraub« zum Absterben bringt. Fällt er dennoch um, können die meisten Kletterpflanzen durch Bildung langer Triebe einen in der Nähe stehenden Baum oder Strauch besiedeln.

*Efeu ist an Waldrändern häufig anzutreffen. Er nutzt die Bäume als Kletterhilfen.. Befürchtungen, dass Efeubewuchs die Bäume schädigt, sind meist unbegründet.*

Kletterpflanzen kann man nach unterschiedlichen gärtnerischen Gesichtspunkten einteilen und gezielt auswählen: nach ihrer Klettertechnik, nach Lebensdauer, sommer- oder wintergrüner Belaubung, nach ihrer Wuchsform (Gehölz oder Staude) sowie ein- oder mehrjähriger Überwinterungsstrategie. Für die Auswahl der geeigneten Kletterpflanze ist aber auch deren jährlicher Zuwachs (Wuchskraft) wichtig. Die zu erreichende Höhe wird dagegen, außer bei Selbstklimmern, von der Höhe der Kletterhilfe begrenzt. Und nicht zuletzt sind der passende Standort und die fachgerechte Pflege entscheidend für Vitalität, Wuchskraft und Blütenfülle einer Pflanze.

## Unterschiede der Kletterpflanzen

*Lebensdauer:*

- ▹ winterharte Gehölze, winterharte Stauden
- ▹ frostempfindliche Kletterpflanzen (Gehölze, Stauden)
- ▹ nicht winterharte Kletterpflanzen
- ▹ einjährige Kletterpflanzen

*Klettertechniken:*

- ▹ Selbstklimmer (Wurzelkletterer, Haftscheibenranker)
- ▹ Gerüstkletterer (Spreizklimmer, Ranker, Schlinger)

*Laub:*

- ▹ sommergrün (Laub abwerfend)
- ▹ immer- bzw. wintergrün
- ▹ attraktive Laubfarbe oder -form

*Wuchskraft:*

- ▹ schwach: weniger als 50 cm Jahreszuwachs
- ▹ mittel: 50 – 100 cm Jahreszuwachs
- ▹ stark: 100 – 200 cm Jahreszuwachs
- ▹ sehr stark: mehr als 200 cm Jahreszuwachs

*Kohlmeisen sind im Frühjahr unermüdlich beim Abpflücken der Blattläuse als Nahrung für ihre anfangs winzigen Jungen. Sind die Schnäbel der Meisenjungen größer geworden, werden auch größere Insekten gefüttert.*

## Weitere wichtige Kriterien für die Auswahl

*Blüten und Früchte:*

▹ keine oder unscheinbare Blüte (dann ist das Laub wichtiger)
▹ Nektar- und Pollenspender für Insekten (heimische oder eingebürgerte Arten und deren Sorten)
▹ Früchte für Menschen, Vögel und Kleinsäuger
▹ attraktive Farben, Formen oder Düfte
▹ üppig, lange oder (nach Schnitt) mehrmals im Jahr blühend

*Standort:*

▹ ungeschützt oder geschützt vor starkem Wind und Frost
▹ mit oder ohne Regenschatten (unter einem Dach, ohne Regen von oben)
▹ sonnig, halbschattig oder schattig (siehe Seite 43)

*Boden (pH-Wert):*

▹ humusreich, frisch bis feucht (neutral bis schwach sauer)
▹ mäßig trocken bis frisch, nährstoffreich (eher neutral)
▹ durchlässig bis trocken, nährstoffarm (neutral bis leicht basisch)

# Natürliche Standorte der Kletterpflanzen

Viele Kletterpflanzen wachsen am Fuß von Bäumen oder Sträuchern, die sie als Kletterhilfe nutzen. Besonders am Waldrand herrschen gute Bedingungen, da es hier heller und feuchter ist als mitten im Wald. Die Kletterpflanzen müssen sich hier allerdings Wasser und Nährstoffe mit den Gehölzen teilen, sodass nur feuchte, humose und nährstoffreiche Böden als Standorte in Frage kommen. Da viele Arten große Blattmassen bilden, haben sie auch ein großes, meist tief in den Boden reichendes und weit verzweigtes Wurzelsystem. Der Boden ist hier das ganze Jahr von Laub bedeckt.

Selbstklimmer findet man auch am Fuß von Felsen, wo sie vom ablaufenden Wasser und den Mineralien, die durch Verwitterung frei werden, profitieren.

Mauern und Fassaden sind daher ideale künstliche Felsen, die sich mit Kletterpflanzen besiedeln lassen. Fehlende Gehölze im Garten, die sich als Kletterhilfe eignen, lassen sich einfach durch Konstruktionen aus Holz oder Metall ersetzen. Mit ihrer gebauten Form kann man sogar das Wachstum der Kletterpflanzen lenken. Für gesunde Pflanzen und ein üppiges Wachstum müssen die Lichtansprüche der Pflanzen berücksichtigt werden. Außerdem sollte der Boden am künstlichen Standort bei der Pflanzung und später durch Mulchen an die natürlichen Verhältnisse angepasst werden (siehe Seite 45).

### Natürliche Lebensbereiche und ihnen entsprechende Standorte

| | |
|---|---|
| Felsen: | Hausfassaden, Nebengebäude, Mauern, Hänge |
| Waldränder: | Bäume, Sträucher, Zäune, Sichtschutzwände, Gartenhäuser |
| Auen: | feuchte Standorte mit mildem Klima im Garten |

# Klettertechniken der Pflanzen

Kletterpflanzen lassen sich nach ihrer Klettertechnik in zwei Kategorien einteilen:

Selbstkletterer (Selbstklimmer), die keine Kletterhilfe benötigen und sich mit Haftscheiben (z. B. Wilder Wein) oder Haftwurzeln (z. B. Efeu) am Untergrund festhalten, sowie alle anderen Kletterpflanzen, die ein Klettergerüst benötigen.

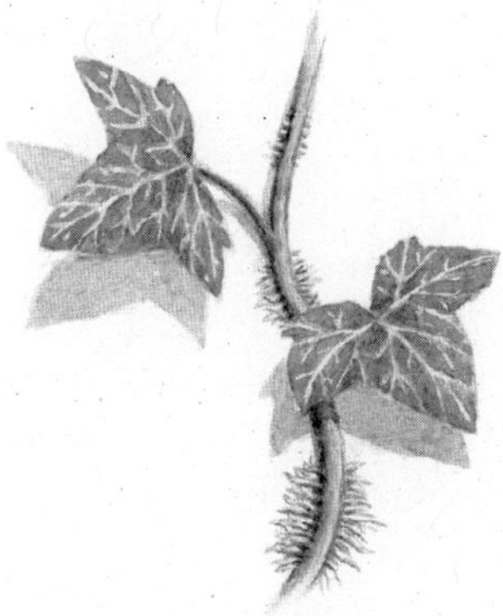

*Selbstklimmer mit Haftwurzeln (Efeu)*

*Ranker mit windenden Seitentrieben (Europäischer / Echter Wein)*

*Spreizklimmer mit Stacheln (Kletter-Rose)*

*Winder mit schlingenden Haupttrieben (Hopfen)*

Diese Gerüstkletterer werden in drei verschiedene Typen unterteilt:

- *Spreizklimmer,* die sich mit Seitensprossen, Stacheln oder Dornen am Gerüst hochschieben (Winter-Jasmin, Kletter-Rose, Brombeere), siehe Seite 61.
- *Ranker,* die sich mit speziellen Blättern, Blattstielen oder Seitensprossen am Gerüst festhalten (Weinrebe, Clematis, Kapuzinerkresse), siehe Seite 64.
- *Schlinger (Winder),* die mit ihren jungen Trieben Kreisbewegungen durchführen und sich festhalten, wenn sie eine Unterlage gefunden haben, und so an senkrechten Gerüsten emporwachsen (Geißblatt, Blauregen, Hopfen), siehe Seite 69.

Diese verschiedenen Kletterweisen müssen unbedingt beachtet werden, um den Untergrund bzw. die Kletterhilfe in Dimension, Bauweise und Material an die gewünschte Pflanzenart bzw. Pflanzensorte anzupassen. Denn im richtigen Zusammenspiel von Pflanze, Kletterhilfe, Lichtverhältnissen und Boden gelingt die Begrünung ganz leicht. Wenn dann auch noch die Pflanzenart und -sorte nach ökologischen Gesichtspunkten ausgewählt wird, ist das grüne Kleid nicht nur ein Augenschmaus für uns Menschen, sondern bietet auch Lebensräume für Tiere am Haus und im Garten.

Mit Kletterpflanzen lässt sich der Garten vielfältig gestalten, die Fülle der Möglichkeiten ist kaum überschaubar. In diesem Buch können daher nur einige Beispiele gezeigt werden, die zu weiteren Ideen anregen sollen. Wenn die wichtigsten Auswahlkriterien wie Standort, Klettertechnik und Wuchskraft der Pflanzen beachtet werden, ist dem Experimentieren mit verschiedenen Arten, Sorten und Kombinationen kaum eine Grenze gesetzt.

**Tipp** *Manchmal ist es sinnvoll, eine Fassade, Mauer oder Böschung von oben zu begrünen. Dazu verwendet man Gehölze mit überhängenden, schleppenartigen Trieben (siehe Seite 76). Sie sind keine Kletterpflanzen im eigentlichen Sinn, eignen sich aber zur Fassaden- und Mauerbegrünung, wenn am Fuß der Mauer nichts gepflanzt werden kann.*

# Kletterhilfen gezielt auswählen

Betrachtet man sein Haus, die Nebengebäude, Mauern und Zäune einmal genauer, wird man bald feststellen, wie viele Standorte sich für Kletterpflanzen potentiell eignen. Manche Fassaden und Mauern sowie viele Zäune lassen sich direkt mit Selbstklimmern begrünen, andere Bauteile verlangen nach einer passenden Kletterhilfe.

Im Handel gibt es eine Vielzahl von Kletterhilfen aus Holz und Metall. Aber greifen Sie nicht beim erstbesten Sonderangebot zu, wenn Sie etwas begrünen möchten. Da ausdauernde Kletterpflanzen und ihre Kletterhilfen eine lange, oft Jahrzehnte währende Verbindung eingehen, ist die Haltbarkeit der Kletterhilfe sehr wichtig. Es wäre doch schade, wenn eine gut entwickelte Kletterpflanze von der Wand fallen würde, weil sich Teile der Kletterhilfe in Wohlgefallen auflösen.

Gerüste aus Holz sollten möglichst wetterfest sein. Nur Eichen-, Robinien- oder Ess-Kastanienholz garantieren an feuchten Standorten eine lange Lebensdauer. Eine Alternative ist Thermoholz, ein bei hoher Temperatur (170 bis 250 °C) »gekochtes«, heimisches Laubholz, z. B. Buche, Eiche, Ahorn. Durch die Umwandlung des Holzfaserbestandteils Zellulose in Lignin kann es nicht mehr so schnell verrotten. Es ist jedoch spröder und daher weniger belastbar. An trockeneren Plätzen sind auch Lärchen- und Douglasienholz geeignet. Alle anderen Hölzer müssen mit Ölen oder guten Schutzanstrichen vor dem Verrotten bewahrt werden. Giftige Lasuren sind jedoch tabu, denn sie schaden sowohl den Pflanzen als auch den Tieren. Und ein Nachstreichen ist kaum möglich, wenn die Pflanze die Kletterhilfe erobert hat.

Genauso wichtig ist die Verschraubung der Teile. Billige Klammern rosten und lassen die Kletterhilfe bald auseinanderfallen. Nur Edelstahlklammern oder -schrauben garantieren eine lange Haltbarkeit.

Metallgitter aus Eisen sollten durch Verzinken oder einen Schutzanstrich vor dem Rosten bewahrt werden. Gänzlich rost- und wartungsfrei sind Aluminium und Edelstahl. Hier muss man aber besonders auf die Montageteile achten, denn jeder Kontakt zu anderen unedleren Metallen führt zu Elektrolyse und damit zur Korrosion eines der Metalle.

Spanndrähte sind meist aus Edelstahl, Ummantelungen aus Kunststoff sollen hier nicht das Metall, sondern die Pflanze vor dem Wundscheuern schützen. Seile aus Naturmaterialien sehen zwar schön aus, verrotten aber schnell. Nylon und andere Kunststoffe haben den Vorteil, dass sie nahezu unbegrenzt halten und sich bei Nässe nicht dehnen.

Neben flächigen Klettergerüsten und Bausätzen für Spanndrähte gibt es auch noch vorgefertigte Sonderformen für Rohre und Stützen, meist aus nichtrostendem Metall. Sie ermöglichen es, Pfosten und Fallrohre mit schwach wachsenden Kletterpflanzen zu begrünen (mehr dazu auf Seite 123).

Es ist aber auch oft sinnvoll und macht zudem Spaß, sich eine passende Konstruktion selbst zu bauen. So lassen sich sogar Gartenabfälle nutzen, wie lange Hasel- oder Weidenruten. Baut man daraus ein Tipi (siehe Seite 142) oder einen umgedrehten Korb, hat man einfache Rankgerüste für kleine, dauerhafte oder einjährige Kletterpflanzen. Sie können sogar als Verstecke für die Kinder oder, höher und halbschalenförmig gebaut, mit einer Bank als Schattenplatz dienen. Interessante grüne Skulpturen lassen sich auch aus wetterfesten oder ausrangierten Geräten, Möbeln und Bauteilen errichten. Warum nicht mal mehrere alte Gartengeräte zum Obelisken zusammenbinden und begrünen? Oder einen alten Stuhl als Kletterhilfe ins Staudenbeet stellen? Selbst Gartenschläuche und alte Gießkannen lassen sich zu Klettergerüsten verbauen. Was für sich betrachtet wie Sperrmüll erscheint, kann, kunstvoll miteinander kombiniert und begrünt, äußerst charmant aussehen. Und oft sind es genau diese individuellen kreativen Ideen der Besitzer, die einen Garten attraktiv und liebenswert erscheinen lassen. Einige Ideen dafür finden Sie ab Seite 140.

**Tipp** *Vergessen Sie nicht, Metallgerüste zu erden! Hohe Klettergerüste aus Metall müssen genauso wie Dachrinnen und andere Metallkonstruktionen am Haus mit einem Blitzableiter aus dem gleichen Metall geerdet werden.*

# Begrünungen richtig planen

Eine begrünte Fassade kann die Schönheit und Architektur eines gelungenen Hauses noch unterstreichen. Besonders in kleinen Vorgärten können Kletterpflanzen den Hausbaum ersetzen. Bei Reihenhausbebauung kann die Begrünung dem eigenen Gebäudeteil ein individuelles Gesicht geben. Sie kann aber auch eine triste Fassade aufwerten und einen schönen Übergang vom Haus zum Garten schaffen. So wirkt beispielsweise ein modernes, begrüntes Haus in einem naturnah angelegten Garten nicht wie ein Fremdkörper. Besonders attraktiv ist das grüne Kleid an unattraktiveren Zweckbauten wie Garagen, Carports, Geräteschuppen und Müllboxen. In Höfen und Gärten profitieren Mauern, Sichtschutzwände und Zäune von den Kletterpflanzen.

Wege zur erfolgreichen Fassadenbegrünung

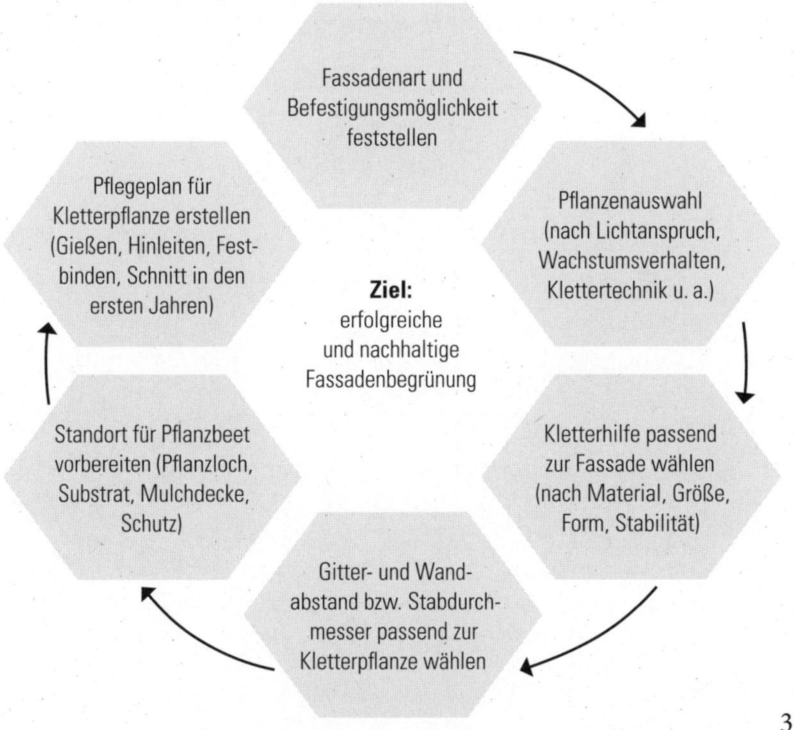

*Einjährige Kletterpflanzen in großen Töpfen stehen Spalier und begrüßen die Ankommenden an der Haustür.*

*Eine zierliche, ausdauernde Kletterpflanze wurzelt im Beet und rahmt den Eingang zusammen mit der Kletterhilfe ganzjährig ein.*

*Begrünt von einer Glyzine, wirkt die stabile Kletterhilfe wie ein schützendes Vordach und betont die Horizontale des Gebäudes.*

Viele Menschen wissen die Kletterkünstler seit Jahrhunderten zu schätzen, wie die berankten Pergolen und Lauben in Städten und auf dem Lande in Südeuropa zeigen. Zunehmend heiße Sommer und dichtere Bebauung sollten den natürlichen Schatten- und Sauerstoffspendern daher auch hierzulande eine Renaissance bescheren.

Die Pflanzenwahl hängt unter anderem davon ab, welchen Effekt man sich von der Begrünung wünscht. Denn je nach Kletterhilfe, Wuchsform, Blattstruktur, Herbstfarbe und Blütenschmuck lassen sich unterschiedliche Wirkungen erzielen. Deshalb sollte die Wahl gut überlegt werden – dann lohnt sich auch der anfängliche Aufwand für eine dauerhafte Begrünung.

Arbeitsintensive Pflegearbeiten fallen später nur an, wenn die Pflanzen falsch gewählt wurden, z. B. nicht zum Standort passen oder zu starkwüchsig sind bzw. zu groß für die gewählte Fassade bzw. das Klettergerüst werden.

## Checkliste für weitere Planungsdetails

*Rechtliche Grundlagen:*

- ▹ Einverständniserklärung des Grund- bzw. Hausbesitzers (bei Mietobjekten)
- ▹ Haftung bei Schäden (Mietobjekte und Nachbargebäude)
- ▹ Rechtliche Vorgaben (z. B. Denkmalschutz und Grenzen)
- ▹ Brandschutz bei Zufahrten und Höfen (Bauamt, Feuerwehr)
- ▹ Erklettern der Fassade (Einbruchschutz)

*Technische Vorgaben der Fassade:*

- ▹ Wärmedämmverbundsystem (WDVS)
- ▹ massive Wand (Mauerwerk, Beton)
- ▹ vorgehängte, hinterlüftete Fassade
- ▹ intakte Oberfläche

*Exposition und Verschattung durch andere Gebäude:*

- ▹ nördliche Richtungen (vorwiegend Schatten)
- ▹ westliche Richtungen (Halbschatten)
- ▹ südliche Richtungen (vorwiegend sonnig)

*Standortbedingungen:*

- ▹ Niederschläge (bzw. Bewässerungsmöglichkeit)
- ▹ Windlasten (ggf. auch Schnee- und Eislasten)
- ▹ Bodenbeschaffenheit, Substratverfügbarkeit
- ▹ Platzangebot (Beet, Pflanzenhöhe und -breite)
- ▹ Schutz des Beetes (Darüberlaufen, im Vorgarten auch Hundekot)

*Pflegevoraussetzungen:*

- ▹ Wasseranschluss (Bewässerung)
- ▹ Zugangsmöglichkeiten für Schnitt (Aufstellen einer Leiter, Hubwagen)

*Gesamtkosten:*

- ▹ Anschaffungs-, Transport- und Montagekosten
- ▹ Pflegekosten (Bewässerung, Düngung, Schnitt)

# Fassaden mit Kletterpflanzen verschönern

Das Schöne, aber auch Anspruchsvolle beim Gestalten mit Kletterpflanzen ist das enge Miteinander von Gebäude, Kletterhilfe und Pflanze. Es lässt viel Gestaltungsspielraum bei dem Verschönern eines Hauses, dem Gestalten eines Hofs, dem Begrünen einer Einfriedung oder dem Schaffen eines Sichtschutzes. Je besser Fassade, Kletterhilfe und Pflanze miteinander harmonieren, desto gelungener ist die Begrünung. Sie kann eine Gebäudeform betonen oder abmildern, eine Fassade schmücken oder verstecken. Laubabwerfende und blühende Kletterpflanzen geben zudem dem Gebäude im Sommer und Winter zwei völlig unterschiedliche Gesichter.

Die große Auswahl an Kletterpflanzen lässt für eine passende Fassadengestaltung keine Wünsche offen. Es stehen viele Arten und Sorten zur Verfügung, die zu den verschiedensten Standortbedingungen passen. Ist bereits eine Kletterhilfe vorhanden, kann man die Pflanzen mit den dazu passenden Klettertechniken wählen. Noch größer sind Pflanzenauswahl und Gestaltungsmöglichkeiten, wenn man erst die Pflanze aussucht und dann die passende Kletterhilfe anbringt.

Selbst wenn kein Beet an der Fassade errichtet werden kann, muss man nicht auf eine Begrünung verzichten. Manche kleinwüchsige und viele einjährige Kletterpflanzen lassen sich sogar in Kübeln ziehen, sodass sogar Terrassen und Balkone begrünt werden können. Sie lassen sich im Sommer mit schnell wachsenden Kletterpflanzen in wahre Dschungel verwandeln.

Alle Kletterpflanzen lassen sich in vorbestimmte Formen leiten. Selbstklimmer werden mit einem Erziehungsschnitt regelmäßig in Form gehalten, alle anderen werden durch die Kletterhilfe in ihrem Aussehen gelenkt. Auf diese Weise kann man einem Gebäude ein ganz individuelles Gesicht geben. Aber auch Mauern und Zäune lassen sich mit Kletterpflanzen in Kunstwerke verwandeln, wie man an vielen begrünten, historischen Gebäuden noch heute bewundern kann. Kletterpflanzen haben viel Potenzial und sind zu schade, um nur zum Kaschieren uniformer oder trostloser Fassaden als »Architektentrost« genutzt zu werden.

## Passende Standorte finden

Oft werden nur schmale Flächen benötigt, um eine Kletterpflanze wachsen zu lassen. An Hausecken, Mauern, Sichtschutzwänden, neben Fallrohren, Stützpfosten und Kellerabgängen, entlang von Wegen, Treppen und Pflasterflächen, fast überall lassen sich senkrechte Flächen entdecken, die sich nicht nur für eine Bepflanzung eignen, sondern damit auch noch schöner aussehen. Gerade harte Übergänge von horizontalen zu vertikalen Flächen, die Baukörper oft als Fremdkörper erscheinen lassen, können mit geeigneter Begrünung abgemildert werden.

Bei der Planung sollte man bedenken, dass an Mauern und Fassaden andere klimatische Bedingungen vorherrschen als in offenen Gärten. Sie ähneln eher dem Mikroklima von Felswänden, Steinbrüchen und Weinbaugebieten. Je nach Himmelsrichtung und Schattenwurf sind die Pflanzen unterschiedlichsten Temperaturen ausgesetzt. An Südfassaden kann es in der Mittagszeit sehr heiß werden und die nächtliche Abkühlung fällt durch die Wärmespeicherwirkung der Wand eher moderat aus. An windexponierten Westfassaden treffen Regen und Wind mit voller Wucht auf, dagegen sind die Pflanzen vor den kalten Nord-Ost-Winden geschützt. An Nord- und Ostseiten sowie in Höfen kann es dagegen im Winter sehr dunkel sein. In Höfen werden meist alle Temperaturspitzen abgemildert, und auch extreme Winde kommen durch die umgebende Bebauung nicht vor. Beschattung und Schutz durch Gebäude und Mauern bedeuten aber auch weniger Niederschlag. So kann man hier für die Pflanzenwahl getrost von einem bis zu 6 °C wärmeren Mikroklima ausgehen, als es in der offenen Landschaft der Umgebung herrscht.

Ein Hindernis für die Fassadenbegrünung stellen oftmals Pflasterflächen dar, die direkt an das Gebäude grenzen. Auch die üblichen Kiesstreifen (Sauberkeitsstreifen) können ohne Änderungen nicht bepflanzt werden. Man kann aber ohne Weiteres Stellkanten, Kies oder Platten entfernen und ein geeignetes Beet für Kletterpflanzen herstellen (siehe Seite 45). Nicht entfernen kann man einen Dachüberstand, doch auch der muss kein Hindernis für eine erfolgreiche Begrünung sein (siehe Seite 49).

### Standorte an Gebäuden und passende Bepflanzung

| Standorte | Begrünungsformen | Kletterweisen | Lebensformen |
|---|---|---|---|
| Fassade von Wohnhaus und Nebengebäude (Garage, Schuppen) | direkt oder mit Kletterhilfe | Selbstklimmer, Gerüstkletterer | ausdauernde Gehölze |
| Grenzmauer und Fassade von Nachbargebäuden | direkt oder mit Kletterhilfe | Selbstklimmer, Gerüstkletterer | ausdauernde Gehölze, Einjährige |
| Regenfallrohr | nur mit spezieller Kletterhilfe | Schlinger, Ranker | ausdauernde Gehölze, Einjährige |
| Pfosten, Pfeiler | direkt oder mit Kletterhilfe | Selbstklimmer, Gerüstkletterer | ausdauernde Gehölze, Einjährige |
| Balkongeländer | direkt | Schlinger, Ranker | ausdauernde Gehölze, Einjährige |
| Pergola | direkt, gegebenenfalls festbinden | Gerüstkletterer | ausdauernde Gehölze |

Überlegen Sie gut, was sie von der Kletterpflanze erwarten. Wie soll sie aussehen, im Sommer, im Winter? Wie hoch und breit soll sie werden, wie blühen? Was könnte sie noch bieten (Duft, Früchte)?

Haben Sie eine passende Art oder Sorte gefunden, müssen Sie überlegen, welches Klettergerüst passend ist. Wie hält sich die Pflanze am Untergrund fest? Braucht Sie ein Gitter, Seile oder muss sie festgebunden werden? Welches Material passt zum Haus und wie kann die Rankhilfe angebracht werden? Nicht zuletzt ist auch entscheidend, wo die Pflanze ein passendes Beet findet und wie sie zur Rankhilfe gelangt.

Am besten machen Sie sich eine Wunschliste und gleichen diese mit den Bedingungen am Standort ab.

### So könnte Ihre Wunschliste beispielsweise aussehen

- Kletterpflanze soll schnell, aber nur 4 Meter hoch wachsen.
- Klettergerüst soll selbst gebaut und angebracht werden.
- Begrünung soll wenig Pflege- und Schnittarbeiten verursachen.
- Kletterpflanze soll Nistplätze und Nahrung für Vögel bieten.
- Rote Herbstfärbung des Laubs wäre schön.

# Fassaden mit Kletterpflanzen gliedern

Fassaden erhalten ihr Aussehen durch ihre Proportionen (Verhältnis von Höhe zu Breite) und die Gliederung, die sich aus der Anzahl der Stockwerke sowie der Form und Anzahl der Fenster ergibt. Passende Klettergerüste sollten sich in Form und Größe an den Fenstern orientieren. So kann beispielsweise ein gleich großes Kletterelement an einer freien Fläche ein weiteres grünes »Fenster« oder eine »Tür« vortäuschen. Mehrere schmale Kletterhilfen nebeneinander betonen die Fassade in der Senkrechten (linear), während ein einzelnes breites Element die Waagerechte betont. Bei Form, Farbe und Materialwahl der Kletterhilfe sollte man sich aber auch am Baustil, an der Farbe der Wand und anderen Gestaltungselementen am Haus orientieren.

Diese Fragen sollten Sie sich stellen:

- Will ich etwas verdecken oder hervorheben?
- Soll die bestehende Gliederung der Fassade unterstrichen oder aufgehoben werden?
- Soll die Fassade mehr in der Senkrechten oder in der Waagerechten betont werden?

## Genehmigungspflichtige Begrünungen

Das Errichten eines Pflanzbeetes für eine Kletterpflanze auf einem öffentlichen Weg stellt eine Sondernutzung dar und muss von der zuständigen Behörde (Bauamt, Grünflächenamt) genehmigt werden. An historischen Gebäuden hat unter Umständen auch das Denkmalamt mitzureden. Soll eine Kletterhilfe an der Rückseite eines Nachbargebäudes angebracht werden, muss man das Einverständnis des Besitzers einholen. Bei Mietobjekten muss man den Hausbesitzer fragen, wenn man größere Pflanzlöcher graben bzw. Kletterhilfen anbringen möchte. Mobile Kübel mit Kletterpflanzen dürfen dagegen überall aufgestellt werden, wo sie keine Geh-, Flucht- und Zufahrtswege versperren bzw. einengen.

*Flächige Begrünungen mit Selbstklimmern lassen die Fensteröffnungen größer erscheinen.*

*Seile für Winder und schmale Gitter für Winder und Ranker betonen die Vertikale des Gebäudes.*

*Pergolen für Winder, Ranker und Spreizklimmer betonen die Horizontale des Gebäudes.*

Am besten machen Sie zuerst ein Foto der Fassade und kopieren es mehrmals. Dann zeichnen Sie die Umrisse verschiedener Kletterhilfen ein und vergleichen die Ergebnisse miteinander. Wenn Sie eine Lösung bevorzugen, überlegen Sie nun, welche Kletterpflanzen sich an dieser Fassadenseite aufgrund der Himmelsrichtung eignen könnten. Die Eingrenzung der geeigneten Pflanzen erfolgt dann nach Höhe, Wuchsstärke und den Wünschen, die Sie haben (z. B. Blütenfarbe, Laub, Wert für Tiere).

Schauen Sie erst dann, welche Art von Kletterhilfe die infrage kommenden Pflanzen benötigen. Viele können sowohl an Spanndrähten als auch an Gittern emporranken. Denn die Wahl der Kletterhilfe sollte auch nach praktischen Gesichtspunkten, wie z. B. der Befestigungsmöglichkeit an der Fassade, erfolgen (mehr dazu ab Seite 115). Falls die Fassade auch hinter der Kletterpflanze gewartet werden soll, kann man Spanndrähte und Klettergerüst so montieren, dass man sie (gegebenenfalls mitsamt den sie umschlingenden Trieben) abklappen kann, ohne die Pflanze am Fuß zu beschädigen.

Frei stehende Kletterhilfen wie Pergolen können völlig unabhängig von der Konstruktion der Hauswand aufgestellt werden. Mit einem Abstand zur Wand von etwa 60 Zentimeter, kann man die Fassade dahinter problemlos streichen.

### Keine Selbstklimmer für die Fassadengliederung!

Selbstklimmer kommen für eine gezielte Fassadengliederung nicht infrage, da ihr Wachstum nur durch ständige Schnittarbeiten und hohen Pflegeaufwand gelenkt werden kann. Aber auch viele Schlinger und Ranker können mit ihren Trieben etwa 30 Zentimeter ohne Kletterhilfe überbrücken und so an Bauteile (beispielsweise Regenfallrohr, Dachrinne) gelangen, die sie nicht begrünen sollten. Deshalb muss man hier entsprechende Abstände einhalten. Am besten zu lenken sind Spreizklimmer wie Kletter-Rosen und Spalierobst, die aber auch regelmäßig geschnitten und angebunden werden müssen.

## Gartenflächen mit Kletterpflanzen vergrößern

Nicht nur an der Fassade, sondern auch im Garten lassen sich viele Plätze ausmachen, an denen Kletterpflanzen gedeihen und die Grünfläche in der Senkrechten erweitern. Auch die meist nackten Mauern von Nebengebäuden wie Garagenwände lassen sich mit Kletterpflanzen gliedern. Hier gelten ähnliche Regeln wie an den Fassaden bewohnter Gebäude. Eher lineare Begrünungen wird man an Pfosten von Carports und an Pergolen bevorzugen. Gartenmauern, Schuppen und Zäune zählen zu den Standorten, die sich am besten flächenhaft mit Kletterpflanzen verschönern lassen. Man kann aber auch neue Kletterhilfen in Form von Sichtschutzwänden, Rosenbögen oder Obelisken aufstellen und begrünen. Doch sollte man dabei nicht wahllos vorgehen, sondern erst genau überlegen, welchen Gartenstil man verwirklichen möchte. Denn sowohl Kletterhilfe als auch -pflanze wirken sich auf das Ambiente und die Atmosphäre im Garten aus.

Im Garten ist es meist einfacher, ein Beet für Kletterpflanzen herzustellen. Hier gibt es keinen Keller und keinen Regenschatten, keine Dränage oder andere Hindernisse wie an Wohngebäuden. Doch auch bei Nebengebäuden, Pergolen und an Wegkanten können große Betonfundamente verhindern, dass man die Kletterer direkt an die Wand bzw. den Pfosten pflanzen kann. Bei der Begrünung von Gehölzen können deren Wurzeln das Einpflanzen behindern. So ist es auch hier sinnvoll, erst den Boden zu prüfen und danach den passenden Platz für die Kletterpflanze auszumachen.

### So könnte Ihre Wunschliste für die Gartenbegrünung mit Kletterpflanzen aussehen

- Sichtschutzwand soll grün werden.
- Zaun zum Nachbarn soll im Sommer undurchsichtig werden.
- Der alte Obstbaum soll wieder »Blüten« tragen.
- Ein zweiter Sitzplatz soll heimeliger und schattiger werden.
- Der Garten soll in Zimmer gegliedert werden.

### Standorte im Garten und passende Kletterpflanzen

| Standorte | Begrünungsformen | Kletterweisen | Lebensformen |
|---|---|---|---|
| Mauern, Stützmauern, Gabionen | direkt oder mit Kletterhilfe | Selbstklimmer, Gerüstkletterer, Überhänger | ausdauernde Gehölze |
| Zäune, Spaliere | direkt | Schlinger, Ranker | ausdauernde Gehölze, Einjährige |
| Sichtschutzwände | direkt oder mit Kletterhilfe | Gerüstkletterer | ausdauernde Gehölze, Einjährige |
| Pavillons | direkt oder mit Kletterhilfe | Gerüstkletterer | ausdauernde Gehölze, Einjährige |
| Gartenhäuser | direkt oder mit Kletterhilfe | Selbstklimmer, Gerüstkletterer | ausdauernde Gehölze |
| Laubengänge | direkt | Schlinger, Ranker | ausdauernde Gehölze |
| Rosenbögen | direkt, anbinden | Gerüstkletterer | ausdauernde Gehölze |
| Schaukelgerüste, Tipis und andere frei stehende Elemente | direkt, anbinden | Schlinger, Ranker | ausdauernde Gehölze, Einjährige |
| Bäume, Hecken | direkt | Gerüstkletterer | ausdauernde Gehölze |

**Tipp** *Auch das Pflanzen von Spalierobst erfordert gute Planung. Obstgehölze, die zu Spalierpflanzen erzogen werden, sollten immer nur an nach Süden und Südwesten zeigende Mauern und Wände gepflanzt werden. Für die spätere Pflege und für die Obsternte sollte man vor dem Pflanzbeet einen festen Untergrund, z. B. einen gepflasterten Weg, zum sicheren Aufstellen einer Leiter vorsehen. Dunkle Pflastersteine haben noch einen zusätzlichen positiven Effekt: Sie speichern tagsüber die Wärme und geben sie nachts an die Umgebung ab.*

## Klima, Licht und Schatten beachten

Bei jeder Bepflanzung sind die Standortansprüche der Pflanzenart zu berücksichtigen. Kletterpflanzen haben je nach Art und Sorte unterschiedliche Temperaturansprüche. Geschützte Standorte finden sich an Fassaden, die in südliche Richtungen zeigen. Auch die Windbelastung sollte berücksichtigt werden. Wind kühlt nicht nur aus, sondern erhöht auch die Verdunstung der Blätter und damit den Wasserbedarf. Auch die Beschaffenheit der Wand hat einen Einfluss auf das Mikroklima für die Kletterpflanze. Dunkle Fassaden heizen sich bei Sonneneinstrahlung stark auf, was ebenfalls die Transpiration erhöht. Wärme speichernde Mauern geben noch lange nach Sonnenuntergang die Wärme an die Umgebung ab. Gedämmte Fassaden und Holzkonstruktionen haben dagegen keinen Einfluss auf die Umgebungstemperatur der Kletterpflanze.

Zwar gedeihen die meisten Kletterpflanzen irgendwie im Halbschatten, Blütenfülle oder Früchte wird man jedoch nur erwarten können, wenn ihre Lichtansprüche berücksichtigt werden. In Katalogen und auf den Pflanzenetiketten findet man meist ein Symbol für den Lichtanspruch der Art bzw. Sorte. Ein ausgefüllter Kreis steht für Schatten, ein Halbkreis für Halbschatten und ein offener Kreis für Sonne.

### Sonnig, halbschattig oder schattig?

sonnig: etwa 7 Stunden direkte Sonne (Mai bis August)

halbschattig: 3 bis 5 Stunden direkte Sonne (Mai bis August)

schattig: 0 bis 3 Stunden direkte Sonne (Mai bis August)

## Lebensbereiche der Pflanzen

Langfristig erfolgreich sind nur standortgerechte Pflanzungen. Das bedeutet, dass die Pflanze mit den konkreten Standortbedingungen Klima, Licht, Wasser und Boden auf Dauer zurechtkommen muss.

An den vorherrschenden Temperaturen kann man auch im Garten nicht viel ändern, wenngleich Frostschutz- und Beschattungsmaßnahmen nicht standortgerechte Pflanzen schützen können. Die Lichtverhältnisse muss man immer beachten, wogegen sich der Boden und seine Feuchtigkeit mit der passenden Vorbereitung und Pflege anpassen lassen.

In Fachbüchern und guten Pflanzenkatalogen werden die Lebensbereiche der Pflanzen mit Buchstaben-Ziffern-Kombinationen angegeben. Daran kann man sich orientieren.

Da ausdauernde Kletterpflanzen in ihrer natürlichen Umgebung auf Gehölze als Kletterhilfe angewiesen sind, stammen sie entweder aus dem **schattigen Lebensbereich Gehölze (G):**

- G 1 – Boden eher trocken
- G 2 – Boden frisch
- G 3 – Boden feucht

Oder die Kletterpflanzen stammen aus dem **halbschattigen bis sonnigen Lebensbereich Gehölzrand (GR):**

- GR 1 – sonnig warmer Gehölzrand
- GR 2 – absonnig kühl (ähnlich G)
- GR 3 – Boden feucht

**Tipp** *Immergrüne Gehölze und Kletterpflanzen können im Winter unter Trockenheit leiden, wenn sie von der Sonne beschienen werden, der Boden jedoch tief durchgefroren ist.*

## Pflanzbeete gut vorbereiten

Kletterpflanzen nehmen zwar nicht so viel Raum ein wie ein Baum, ihre Blattmassen können aber durchaus denjenigen eines großen Baumes entsprechen. So ist der Wasser- und Nährstoffbedarf durchaus ähnlich und das Pflanzbeet muss entsprechend groß sein. Es genügt daher nicht, die anfangs kleinen Pflanzen einfach irgendwo am Rand des Gebäudes einzupflanzen. Das Pflanzloch muss von Anfang an genügend groß und tief für die ausgewachsenen Pflanzen sein. Und die Pflanzerde sollte der Erde am natürlichen Standort der Kletterpflanzen nachempfunden sein. Optimal sind humose, frische, nicht staunasse Gartenböden. Sie weisen eine dunkle Farbe und krümelige Struktur auf. Ist der Boden verdichtet oder sehr lehmig, lockert man ihn auf und füllt in etwa 40 Zentimeter Tiefe etwa 10 Zentimeter hoch Schotter, Lavabims oder anderes körniges Material als Dränage ein.

### Bodenbündige Pflanzbeete an der Fassade

Der Streifen zwischen einer Mauer und einer intensiv genutzten Fläche eignet sich besonders gut für Begrünungsmaßnahmen. Meist ist er an Wohnhäusern als sogenannter Sauberkeitsstreifen ausgebildet. Hinter einer Stellkante aus Beton befindet sich ein Kiesstreifen, der verhindern soll, dass bei Regen Schmutz vom Boden an die Fassade spritzt. Außerdem soll dieser sterile Streifen suggerieren, dass Oberflächenwasser ungehindert in eine darunterliegende Dränage läuft. In Wirklichkeit ist diese ordentliche Kiesschicht meist nur Makulatur, denn darunter wurden oft Bauschutt, Erde und Schotterreste bis an die Isolierschicht vor der Kellerwand geschoben. Außerdem befindet sich die Dränage am Fuß der Bodenplatte einige Dezimeter bzw. auf Kellerniveau etwa zweieinhalb Meter unterhalb des Kiesstreifens. Das Regen- oder Gießwasser legt daher immer einen längeren Weg an der Bodenplatte oder an der Kellerwand zurück, bevor es in der Dränage landet.

Ein ausreichender Dachüberstand sollte eigentlich verhindern, dass Regen an den Fuß der Fassade gelangen kann. Ist dies nicht gegeben, bietet sich dieser Streifen umso mehr für eine Begrünung an. Von einer mit Pflanzen bedeckten und gemulchten Fläche spritzt keine Erde an die Fassade, denn der Regen trifft hier sanft auf. Und jede belaubte Pflanze hilft durch ihren »Durst«, den Streifen trockener zu halten.

Da Kletterpflanzen mehr Wurzelraum benötigen als Gräser und Kräuter, muss der Streifen gegebenenfalls teilweise verbreitert werden. Diese Maßnahme ist meist ein ästhetischer Gewinn, denn einzelne Ausbuchtungen oder ein geschwungener Verlauf schaffen einen schöneren Übergang zwischen Haus und Garten.

Die Stellkante sollte entfernt (oder bei Neuanlagen gar nicht erst errichtet werden). Nur ohne diese einbetonierte Kante können sich die Wurzeln einfach unter dem angrenzenden Rasen oder unter den Stauden ausbreiten, was eine gute Wasserversorgung gewährleistet. So können auch Fassaden unter dem Dachvorsprung erfolgreich begrünt werden.

An hausnahen Standorten, an Nebengebäuden und Stützmauern ist der Boden meist gut dräniert, denn es gibt hier eine breite und tiefe Schotterschicht als Fundament für das Bauwerk. Dafür fehlt hier die notwendige humose Erde. Deshalb ist das Ausheben einer großen Pflanzgrube wichtig. Man füllt sie mit guter käuflicher Pflanzerde, z. B. Rindenhumus, oder mischt sich die Erde im Verhältnis von etwa 1:1 aus eigenem Gartenboden und Kompost selbst.

Am besten spült man die Erde mit einem Wasserstrahl in die ausgehobene Pflanzgrube ein und füllt so viel Erde in das Pflanzloch nach, bis zwischen den Steinen keine Erde mehr versickert. Erst dann wird die Kletterpflanze in das passende Pflanzloch gesetzt (siehe Seite 148).

Wird das Pflanzbeet immer gemulcht, bleibt der Boden darunter länger feucht und dauerhaft locker. Außerdem spritzt keine Erde an die Fassade, wenn man gießt oder es regnet.

Überall dort, wo Menschen (oder Haustiere) laufen, sollte man um das Pflanzbeet herum jedoch einen erhöhten Rand bauen, damit die Kletterpflanze nicht zertreten wird (siehe Abbildung auf Seite 49).

*Bei allen Pflanzbeeten muss eine Entwässerung gewährleistet sein. Bei verdichteten und lehmigen Böden wird deshalb zuerst eine gut dränierende Schicht aus Schotter, grobem Kies oder Lavabims eingebaut. Darüber kommt die eigentliche Pflanzerde. Rindenhumus (nicht Rindenmulch!) oder eigener Laubkompost eignen sich besonders gut für die meisten Klettergehölze.*

*Einfassungen für Pflanzbeete können gemauert oder mit Fertigelementen gebaut werden. Eine vierseitig gemauerte Konstruktion sollte niemals direkt ans Mauerwerk angrenzen, sondern einige Zentimeter davon entfernt gebaut werden. Man kann aber auch auf eine rückwärtige Wand verzichten und eine wasserfeste Schutzplatte (z. B. aus geschlossenzelligem Polyurethanschaum) an die Wand stellen. Sie schützt die Wand vor Feuchtigkeit.*

## Hochbeete am Haus

Für anspruchsvollere Pflanzen und bei sehr ungünstigen Bodenverhältnissen sind erhöhte Beete zu empfehlen. Die Wurzeln der Kletterpflanzen können sich darin gut entwickeln und das anstrengende Ausheben der Pflanzgrube entfällt. Vor allem bei großem Dachüberstand oder wenig Platz neben einer Mauer kann man den Wurzelraum für die Pflanzen so deutlich vergrößern (siehe Abbildung auf Seite 47, unten).

Trotz Kontakt zum gewachsenen Boden muss hier aber zusätzlich gewässert werden. Damit sich keine Staunässe unter dem Beet und an der Fassade bildet, sollte der Boden darunter aufgelockert und gegebenenfalls dräniert werden. Das Substrat, das anschließend eingefüllt wird, sollte immer passend zum Standort und zur jeweiligen Bepflanzung angemischt werden.

Nach der Bepflanzung verhindert eine etwa 5 Zentimeter dicke Mulchdecke aus Splitt, Kies oder Holzhäcksel, dass die Erde bei Regen an die Hauswand spritzt und bei Sonnenschein zu schnell austrocknet.

Durch die richtige Materialwahl kann man mit Einfassungen schöne Übergänge zwischen vertikalen Bauteilen und horizontalen Flächen schaffen. Die Proportionen des Hochbeetes sollten sich nach der vorhandenen Fläche und an ästhetischen Gesichtspunkten orientieren. So sehen kleine Beete an großzügigen Fassadenflächen leicht »spießig« aus. Am besten orientiert man sich bei der Beetlänge an den Maßen von Fenstern, freien Fassadenflächen oder anderen Gestalt gebenden Rastern am Haus. Aber auch die einfache Pflege der Pflanzen sollten Sie in Ihre Überlegungen miteinbeziehen. So muss man zum Schneiden herantreten oder eine Leiter aufstellen können.

Bei starkem Frost und zu kleinen bzw. stark erhöhten Beeten kann die Pflanzerde durchfrieren, was besonders in den ersten Jahren nach der Pflanzung den Wurzelballen irreversibel schädigen kann. Eine dicke Laubdecke und einige darübergelegte Fichtenzweige können vor Frost schützen. Ältere Pflanzen wurzeln dagegen bald im gewachsenen Boden, sodass ihnen der Frost nicht mehr viel anhaben kann. Je größer und bodennäher ein erhöhtes Pflanzbeet ist, desto weniger intensiv müssen Sie es wässern, düngen und vor Frost schützen.

# Beete im Regenschatten

Im Regenschatten von Gebäuden muss das Pflanzbeet so weit in den Garten ragen, dass es vom Regen mit Wasser versorgt werden kann. Dazu verbreitert man den Pflanzstreifen am Haus entsprechend und führt den Weg um das Pflanzbeet herum.

Will oder kann man den Weg nicht verlegen, gibt es noch eine andere Möglichkeit, um der Kletterpflanze genügend Wurzelraum und Regenwasser zur Verfügung zu stellen. Dazu wird der vorhandene Weg mittels eines (Ton-)Rohres, das man vorher mit Substrat gefüllt hat, untertunnelt. In diesem Kanal finden die Pflanzenwurzeln ihren Weg zum Gartenboden jenseits des Weges (siehe dazu die Abbildung auf Seite 50).

Der Tunnel unter dem Weg muss so stabil sein, dass die Wegplatten darauf sicher liegen. Röhren aus Ton oder Beton eignen sich gut zum Überbrücken. Man füllt sie vor dem Einbau mit einer lehmig humosen Mischung aus Erde, Bentonit und etwas Kompost, die man leicht

*Wird der Weg um die Kletterpflanze herum geführt, können deren Wurzeln geschützt werden. Eine kleine Kante, z. B. aus lose aufgesetzten Steinen, ermöglicht das Gießen und Mulchen, ohne dass der Weg verschmutzt wird.*

verdichtet und anfeuchtet. Dann füllt man von beiden Seiten her den Boden bis an die Füllung im Rohr heran. Es dürfen keine Substratlücken entstehen, da die Wurzeln sonst stoppen. Nach dem Pflanzen wird das Rohr wieder mit Schotter abgedeckt, bevor die Splittschicht und anschließend die Wegplatten aufgelegt werden.

Manchmal ist es aber einfacher, einen Holzsteg aus wetterfesten Dielen darüberzubauen, den man lediglich auf einigen Punkten auflegen muss.

Das Pflanzbeet sollte in den ersten Jahren immer gegossen werden, damit der Wurzelkanal nicht austrocknet. Haben die Wurzeln dann den Kanal durchwachsen und den Regenbereich erreicht, kann man meist auf das Gießen verzichten.

*Ein mit Erde gefülltes Tonrohr dient als Wurzelkanal unter einem Weg. So können die Pflanzenwurzeln feuchte Gartenerde außerhalb der Schotterschicht und des Dachüberstands erreichen.*

# Kletterpflanzen im Kübel

Plätze, Höfe und Fassaden lassen sich auch mithilfe von fertigen Pflanzkübeln begrünen. Sie haben den Vorteil, dass man sie zur Not auch umstellen kann, allerdings muss auch hier der Wasserabzug gewährleistet sein. Nicht alle Pflanzen gedeihen dauerhaft in Kübeln, zumal die Erde in kalten Wintern an exponierten Plätzen vollständig durchfrieren kann. Dies muss auch bei der Materialwahl berücksichtigt werden, denn die meisten dekorativen Pflanzgefäße sind nicht wirklich frostfest. Der Wurzelraum in ihnen ist zudem begrenzt. Nicht nur die niedrigen Temperaturen, sondern auch die sich ausdehnenden Wurzeln können die Kübel sprengen.

Da die Kübelpflanzen nicht im gewachsenen Boden wurzeln, müssen sie regelmäßig gewässert und gedüngt werden.

Im Vergleich zur Pflanzung in Beeten sind die meisten Pflanzen im Kübel weniger wuchsstark. Auf Terrasse und Balkon sind Kletterpflanzen in Kübeln aber oft die einzige Möglichkeit, eine Fassade oder eine Sichtschutzwand zu begrünen. Für diese pflegeintensiven Bepflanzungen eignen sich vorwiegend einjährige Kletterpflanzen oder ausdauernde Gehölze, die man an einem frostfesten Ort überwintert (siehe dazu Seite 86). Dazu müssen sie im Herbst von der Kletterhilfe gelöst und heruntergeschnitten werden. Ist die Kletterhilfe mit dem Kübel verbunden, zieht sie mit um.

Trotz des hohen Pflegeaufwands sind einige frostempfindliche Kletterer so attraktiv, dass man auf sie nicht verzichten möchte. So stellt man sie ab Mai im Kübel vor das Spalier, an dem sie emporranken können. Steht an der Terrasse ein kleines Beet zur Verfügung, kann es einfacher sein, sie dort im Mai einzupflanzen. Im Herbst werden die Triebe vom Spalier heruntergeschnitten. Der Wurzelballen wird ausgegraben und mit gekürzten Wurzeln wieder in den Kübel getopft. So lässt sich der frostempfindliche Wurzelballen im Wintergarten oder Gewächshaus frostfrei überwintern.

Weniger aufwendig sind einjährige Kletterpflanzen, die man beizeiten im Haus vorziehen und nach den letzten Frösten im Mai in den Kübel umpflanzen kann. Sie wachsen sehr rasch, wenn der Standort passt und sie ausreichend gewässert und gedüngt werden (mehr dazu auf Seite 88). Längere Urlaube im Sommer kann man sich aber nur erlauben, wenn man ein automatisches Bewässerungssystem installiert (oder hilfsbereite Nachbarn hat).

Bepflanzungen in Kübeln sind meist Intensivbegrünungen, hier müssen Wasserabzug und Dränage ebenso gewährleistet sein wie bei Pflanzbeeten. Das Substrat muss noch sorgfältiger ausgewählt werden, im Sommer wird man regelmäßig gießen müssen und im Winter für Frostschutz sorgen.

Auch die Auswahl der Kübel muss gut bedacht werden, sie müssen zum Haus und zum Gesamtdesign passen. Wenn sie den Winter draußen überdauern sollen, müssen sie garantiert frostfest sein. Will man sie drinnen oder an einem vor Frost geschützten Platz überwintern lassen, müssen sie außerdem einfach zu transportieren sein.

Terrakotta-Kübel sind sehr schwer und es verdunstet viel Wasser durch ihre porösen Wände. In der Sonne wird der Wurzelballen dadurch gekühlt, was durchaus von Vorteil ist. Man muss aber auch jeden Tag, manchmal sogar mehrmals, gießen. Schwarze Metall- und Kunststoffkübel erhitzen sich bei Sonneneinstrahlung sehr stark, was die Pflanzenwurzeln schädigt. Besser sind helle Farben und silberfarbiges Metall. Am besten steht der Kübel selbst im Schatten oder man schattiert ihn mit weiteren, um ihn herum gestellten Pflanzkübeln.

### Kübel mit Bodenkontakt

Kübel ohne Boden oder mit einem großen Abzugsloch, durch das die Pflanzenwurzeln in den Boden eindringen können, sind eigentlich Hochbeete, da sie Bodenanschluss haben (solange sie auf offenem Boden stehen). Hier sind die Pflanzenwurzeln vor Frost geschützt und sie können sich Nährstoffe und Wasser aus tieferen Bodenschichten holen, sodass sie nicht mehr intensiv gedüngt und gewässert werden müssen. Die Kübel sind aber dann nicht mehr transportabel!

# Pflanzbeete neben Gehölzen

Im Regenschatten und Wurzelbereich größerer Gehölze herrschen fast noch schwierigere Bedingungen für Kletterpflanzen als an Mauern und Fassaden (wo breite Fundamente, Stützkeile aus Beton oder Bauschutt Probleme machen können). Zwar sind viele Klettergehölze Waldrandbewohner, doch unter einem großen, eingewachsenen Baum oder neben einer alten Hecke haben sie es sehr schwer, an ausreichend Wasser und Nährstoffe zu gelangen.

Die Pflanzgrube muss hier mindestens 2 Meter vom Stamm entfernt und sehr großzügig ausgehoben werden, wobei man zwangsläufig immer auch die Wurzeln der anderen Gehölze beschädigt. Füllt man das ausgehobene Pflanzloch mit guter humoser Erde, werden auch die neuen Wurzeln der Stützpflanze dort hineinwachsen und sich an den Nährstoffen und dem Gießwasser für die Kletterpflanze bedienen.

Abhilfe kann eine Wurzelsperre, z. B. in Form eines großen Plastiktopfes ohne Boden (Pflanzcontainer mit mindestens 10 Liter Inhalt, bei dem der Boden abgeschnitten wurde), schaffen. Man gräbt ihn bis zum oberen Rand ein, füllt ihn mit humoser Erde und setzt die Kletterpflanze leicht schräg hinein. So ist sie in den ersten Jahren vor Wurzelkonkurrenz geschützt und kann dennoch eigene Wurzeln in tiefere Bodenschichten wachsen lassen. Düngung und Gießwasser kommen so gezielt der Kletterpflanze zugute.

Eine Mulchschicht aus Holzhäcksel oder Laub schützt das Substrat im Topf zusätzlich vor dem Austrocknen. Eine aufgelegte Scheibe aus dicker Kokosmatte hat sich hier ebenfalls bewährt, da sie gezielt unerwünschte Wildkräuter unterdrückt. In den Topfrand kann man auch kleine Löcher bohren und hier die Seile befestigen, die den Kletterer in Baum oder Hecke leiten.

In der Nähe von Gehölzen ist der Wurzeldruck hoch. Die Kletterpflanze konkurriert mit der Stützpflanze, ob Baum oder Hecke, um Nährstoffe und Wasser. Gleichzeitig ist der Stickstoffgehalt des Bodens niedrig und unter Koniferen ist der Boden sauer. Eine Langzeitdüngung mit reichlich Hornspänen, etwa 50 Gramm pro 10 Liter Erde, und gegebenenfalls etwas Kalk helfen der frisch gepflanzten Kletterpflanze in den ersten Jahren. (Wer keine Hornspäne verwenden möchte, muss die Pflanze jedes Jahr mit organischem Dünger versorgen.) Außerdem muss sie hier im ersten Standjahr regelmäßig und später nach Bedarf gegossen werden. Man gießt ein bis zwei Kannen Wasser pro Woche direkt an den Fuß der Pflanze, selbst wenn es vorher etwas geregnet hat. Unter Koniferen und belaubten Bäumen kann es selbst nach einem Regen völlig trocken sein!

### Mulchmaterialien

Die meisten winterharten Klettergehölze sind Waldrandbewohner und fühlen sich in humosen, frischen, neutralen bis leicht sauren Böden wohl. Neutrale bis leicht alkalische und trockene Gartenböden lassen sich durch Mulchen mit Holzhäcksel und Laub positiv verändern. Rindenmulch und Nadelstreu senken den pH-Wert noch schneller, werden aber nicht von allen Kletterpflanzen gut vertragen. Neutrale Kiese und Splitte verändern den pH-Wert nicht, wohingegen Kalksplitt stark basisch wirkt (und saure Böden neutralisieren kann).

# Ausdauernde Kletterpflanzen und ihre Kletterweisen

Als »ausdauernd« werden Pflanzen bezeichnet, die in unseren Klimazonen mehr als zwei Vegetationsperioden überstehen und keinen besonderen Winterschutz benötigen, wenn sie in den Boden gepflanzt werden. Aber auch einige nicht winterharte Arten können im milden Weinbauklima in geschützten Lagen überwintern (mehr dazu ab Seite 86).

Die bei uns kultivierten Arten gehören fast alle zu den Gehölzen, die auch ohne Schnitt recht alt werden können. Ausnahmen bilden der Hopfen *(Humulus lupulus)* und die Stauden-Wicke *(Lathyrus latifolius)*, beide sind kletternde Stauden, die spätestens Ende Februar bis zum Erdboden zurückgeschnitten werden müssen.

Bei den Klettergehölzen unterscheidet man zwischen immergrünen und sommergrünen Arten bzw. Sorten. Immergrüne wie Efeu und Immergrünes Geißblatt erneuern ihre Blätter das gesamte Jahr über,

*Holzfassaden müssen nicht gestrichen werden und eignen sich hervorragend zum Anbringen von Kletterhilfen und zum Begrünen mit Kletterpflanzen.*

was jedoch, außer nach Trockenperioden, nicht weiter auffällt. Sommergrüne wie Jungfernreben oder Clematis werfen ihr Laub im Herbst ab, wobei sich manche Arten und Sorten vorher in spektakulären Gold- und Rottönen verfärben. Wintergrüne Arten nehmen eine Zwischenstellung ein, denn sie können in milden Lagen bzw. an geschützten Standorten immergrün sein, in kälteren Wintern aber auch hier ihr Laub ganz oder teilweise abwerfen.

Für die Auswahl der passenden Pflanzen ist es sinnvoll, sich zuerst an ihren Kletterweisen zu orientieren, denn sie geben die erforderlichen Kletterhilfen vor (mehr dazu auf Seite 27). Der spätere Pflegeaufwand ist gering, wenn bei der Auswahl alle in den folgenden Tabellen genannten Faktoren von Licht über Boden bis Wuchskraft berücksichtigen werden, bevor man sich für eine Pflanzenart bzw. deren Sorte entscheidet. Daneben sind ästhetische Gesichtspunkte wie die Gestalt der Blätter, die Blütenfarbe oder auch der Fruchtbehang wichtige Auswahlkriterien.

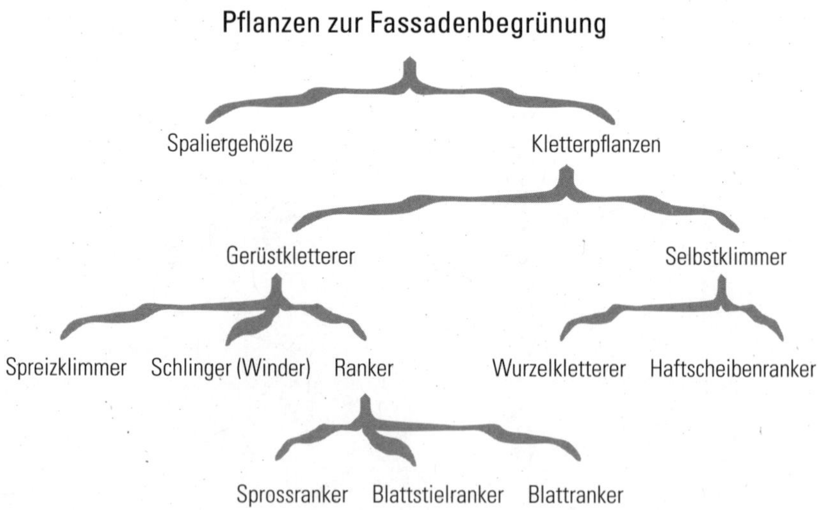


*Nur wenn man über die Kletterweise der gewünschten Pflanze Bescheid weiß, kann die Kletterhilfe richtig ausgewählt, dimensioniert und angebracht werden.*

# Selbstklimmer

Selbstklimmer benötigen keine Kletterhilfe, wenn sie einen geeigneten Untergrund finden, der ihnen das Festhalten mit speziellen Haftwurzeln (z. B. Efeu) oder Haftscheiben (z. B. Jungfernrebe/Wilder Wein) ermöglicht. Das spart eine Menge Zeit und Geld, da man kein Gerüst bauen oder Seile spannen muss.

Selbstklimmer können Hänge und Böschungen, Gartenmauern und Wände von Gartenhäusern oder Garagen mit einem dichten grünen Pelz überziehen. Aber auch intakte Fassaden von Wohnhäusern lassen sich so flächig begrünen. Man muss aber bedenken, dass sich die Pflanzen nicht lenken lassen. Auch eine Gliederung der Fassade lässt sich mit Efeu oder Jungfernreben nicht erreichen (siehe Seite 40).

Dunkle, raue Untergründe werden als Haftgrund bevorzugt, denn die Haftorgane verhalten sich Licht fliehend. Sie orientieren sich immer in Richtung Schatten bzw. Dunkelheit und verankern sich dort mit dem Untergrund. Anschließend verkorken sie und sterben ab. Ist der Untergrund feucht, können aus den Haftwurzeln des Efeus auch Erdwurzeln werden und weiterwachsen. Sie orientieren sich dann an der Feuchtigkeit und dringen tiefer in Risse und Spalten ein. Da sie dabei ihren Durchmesser vergrößern, können sie zum Absprengen feuchter Putze und Mörtelfugen beitragen.

Haftscheiben der Jungfernrebe (Wilder Wein) bleiben jedoch immer Haftscheiben und dringen nicht in rissige Oberflächen ein. Sie sondern lediglich einen Klebstoff ab, der die Pflanze dauerhaft mit dem Untergrund verbindet.

Nicht alle Untergründe sind für Selbstklimmer geeignet, sodass man sich vor einer Direktbegrünung über die Art des Mauerwerks und die Beschaffenheit von Fugen, Putz oder Anstrich informieren sollte. Ist das Gewicht der Kletterpflanze zu groß, kann sie mitsamt ihrem Haftgrund von der Wand fallen.

**Tipp** *Schadhafte Stellen wie Risse und Löcher müssen erst sorgfältig geschlossen werden, bevor man mit der Begrünung beginnt.*

**Tipp** *Auch wer die Wand seines eigenen Nebengebäudes bzw. das eines Nachbarn auf keinen Fall anbohren möchte oder darf, kann einen Selbstklimmer wie den Mauerwein wählen, wenn der Untergrund dafür geeignet ist und Schnittarbeiten ohne Probleme durchgeführt werden können.*

Der Nachteil der Selbstklimmer ist, dass die Wuchsrichtung nicht gezielt gelenkt werden kann. Zumindest an Hausfassaden müssen sie regelmäßig geschnitten werden, um Türen, Fenster und Dachrinnen frei zu halten. Fenster- und Türöffnungen können meist von innen frei geschnitten werden, unter der Dachrinne kann das Schneiden bei mehrstöckigen Gebäuden jedoch recht aufwendig sein (Leiter oder Hubwagen).

Ist eine Direktbegrünung mit Selbstklimmern wegen ungeeigneten Untergrunds der Fassade oder der anfallenden Schnittarbeiten nicht möglich, sollte man eine geeignete Kletterhilfe anbringen oder davor stellen und das Gebäude mit den ab Seite 61 genannten Gerüstkletterpflanzen begrünen.

### Ungeeigneter Klettergrund für Selbstklimmer mit Haftwurzeln

- Wärmedämmverbundsysteme
- luftporenhaltige Wärmedämmputze mit begrenzter Tragfähigkeit
- kunststoffhaltige Wandputze und Kunstharzputze
- sanierte Putze mit dünnem Oberputz (ohne Armierung)
- rissige Putzoberflächen
- ausgewittertes Mauerwerk mit Fugenschäden
- Backsteinmauerwerk mit Kalkmörtelfugen
- vorgehängte Fassaden aus Holz, Schiefer und anderen Werkstoffen

## Ausdauernde, frostfeste Selbstklimmer mit Haftwurzeln (Wurzelkletterer)

| **Deutscher Name**<br>*Botanischer Name* | **Wuchs**<br>**(Wuchshöhe)** | **Blüte**<br>**(Blühmonate)** | **Standort**<br>**(Boden)** |
|---|---|---|---|
| **Amerikanische Trompetenblume**<br>*Campsis radicans* | schnell wachsend, junge Pflanzen brauchen Frostschutz am Fuß, an Gerüst festbinden<br>(bis 10 m) | orangerot<br>(7 – 9) | sonnig, warm, geschützt<br>(sandig bis lehmig) |
| **Hybrid-Trompetenblume**<br>*Campsis x tagliabuana* in Sorten | bis -15 °C winterhart, Winterschutz bei Jungpflanzen; an Gerüst festbinden<br>(bis 8 m ) | gelb, rot<br>(7 – 9) | sonnig, warm, geschützt<br>(lehmig bis humos, frisch bis feucht) |
| **Kletterspindel**<br>*Euonymus fortunei* in Sorten | immergrün, schwach wachsend, Kletterhilfe empfehlenswert; orangerote Beeren<br>(1– 5 m) | gelbgrün<br>(4 – 5) | sonnig bis schattig<br>(frisch bis feucht, humos, auch kalkhaltig) |
| **Gewöhnlicher Efeu***<br>*Hedera helix* sowie Sorten | kleinblättrige Sorten weniger wüchsig, haften oft nicht selbst und sind frostempfindlicher; alle Pflanzenteile giftig;<br>(bis 30 m) | nur Altersform blüht nach etwa acht Jahren<br>(9 – 11) | halbschattig bis schattig<br>(lehmig bis humos, trocken bis feucht) |
| **Gelbbunter Efeu**<br>*Hedera helix* 'Goldherz' u. a. Sorten | immergrün, gelbbuntes großes Blatt; giftig; Früchte für Vögel<br>(bis 30 m) | nur Altersform blüht, s. o.<br>(9 – 11) | halbschattig bis schattig<br>(lehmig bis humos, trocken bis feucht) |
| **Kletter-Hortensie***<br>*Hydrangea anomala* ssp. *petiolaris* | wächst sehr langsam, ggf. anfangs festbinden<br>(5 – 10 m) | weiß<br>(6 – 7) | halbschattig bis schattig<br>(lehmig bis humos, mäßig frisch) |

*heimische Art

## Ausdauernde, frostfeste Selbstklimmer mit Haftscheiben (Haftscheibenranker)

| **Deutscher Name** *Botanischer Name* | **Wuchsform (Wuchshöhe)** | **Blüte (Blühmonate)** | **Standort (Boden)** |
|---|---|---|---|
| **Fünflappige Jungfernrebe, Mauerwein** *Parthenocissus quinquefolia* var. *engelmannii* | fünflappiges großes Blatt, tiefrote Herbstfärbung, blaue Beeren; nur diese Varietät haftet zuverlässig mit Haftscheiben (bis 10 m) | unscheinbar grüngelb (6 – 7) | sonnig bis halbschattig, warm (humusreich, frisch) |
| **Dreilappige Jungfernrebe, Dreilappiger Mauerwein** *Parthenocissus tricuspidata* 'Veitchii' | dreilappiges großes Blatt, rote Herbstfärbung, blaue Beeren; nur diese Sorte haftet zuverlässig mit Haftscheiben (bis 20 m) | unscheinbar grüngelb (6 – 7) | sonnig bis halbschattig (frisch bis feucht, vorübergehend auch trocken, humos, auch kalkhaltig) |

**Tipp** *Die Gattung* Parthenocissus *(Jungfernrebe) wird auch als »Wilder Wein« bezeichnet. Wie der botanische Name zeigt, handelt es sich dabei nicht um Wein* (Vitis, *siehe Seite 85), sondern um eine ganz andere Gattung. Die sich ähnelnden Blätter und ihre Herbstfärbung haben wohl zu dem verwirrenden deutschen Namensdurcheinander geführt.*

*Beim Kauf muss man unbedingt auf die richtige Arten- und Sortenbezeichnung achten, damit man nicht versehentlich einen Selbstklimmer statt eines Rankers bekommt, wenn die Fassade eigentlich mit einem Gerüstkletterer begrünt werden soll (siehe auch Seite 65).*

# Spreizklimmer

In der Natur klettern Spreizklimmer durch Einflechten ihrer langen Triebe in andere Gehölze. Unterstützt werden sie dabei von Stacheln, Dornen, Borsten oder quer stehenden Zweigen. An Kletterelementen steckt man die Triebe zwischen den Sprossen bzw. Gittern fest (siehe auch Abbildung auf Seite 27). Zusätzlich sollten Spreizklimmer immer auch festgebunden werden. So kann man die Triebe in der gewünschten Richtung an der Kletterhilfe entlang leiten. Dabei ist zu berücksichtigen, dass aus jedem diagonal bis waagerecht stehenden Trieb neue senkrechte Triebe wachsen, die ihrerseits in die gewünschte Richtung geleitet werden können. Ähnlich wie bei Spalierobst kann man so das Wachstum lenken. Soll die Kletterpflanze jedoch, z. B. bei einem Rosenbogen, erst einmal nur in die Höhe streben, vermeidet man waagerechte Triebe und bindet sie vorwiegend senkrecht an, bis sie die passende Höhe erreicht haben.

Mit Rosen lassen sich Wände und die unterschiedlichsten Gartenelemente attraktiv begrünen. Beim Kauf haben Sie die Qual der Wahl (siehe auch Seite 63). Die Bestimmung und Nomenklatur der Rosen ist ein sehr schwieriges Fachgebiet, das nur wenige Spezialisten beherrschen. Der Laie sollte Kletter-Rosen nach ihrem Wuchsverhalten, der Blütenfarbe und gegebenenfalls ihrem Duft aussuchen. Sind gelbe Staubbeutel zu sehen, bietet die Rose auch vielen Insektenarten Nahrung. Auf ganz gefüllte und damit sterile Sorten ohne Staubblätter sollte man verzichten. Sie sehen auch ziemlich künstlich aus und passen nicht in ein naturnahes oder wild-romantisches Ambiente.

**Tipp** *Rosen haben zwar keine Dornen, aber jede Menge Stacheln, die ihnen bisher (noch) nicht weggezüchtet wurden. Die dänische Sorte 'Lykkefund' hat fast keine Stacheln, duftet stark und ist deshalb gut geeignet für Standorte in Hausnähe und für Pergolen. Die Rose gedeiht selbst im Halbschatten und klettert 5 bis 6 Meter hoch, wenn man sie lässt.*

## Ausdauernde Spreizklimmer (kleine Auswahl)

| **Deutscher Name**<br>*Botanischer Name* | **Wuchs**<br>**(Wuchshöhe)** | **Blüte**<br>**(Blühmonate)** | **Standort**<br>**(Boden)** |
|---|---|---|---|
| **Winter-Jasmin***<br>*Jasminum nudiflorum* | immergrün, ohne Kletterhilfe mit langen Trieben überhängend (bis 2 m) | gelb (12 – 3) | sonnig bis halbschattig (frisch bis feucht, tiefgründig, humos) |
| **Kriech-Rose***<br>*Rosa arvensis* | sommergrüner stacheliger Strauch, ohne Kletterhilfe auch als Bodendecker (bis 4 m) | Art weiß, rosa blühende Sorten (6 – 7) | sonnig bis halbschattig (sandig bis lehmig, leicht kalkhaltig) |
| **Kletter-Rosen**<br>*Rosa-Hybriden*<br>in Sorten | ohne Kletterhilfe überhängend, stark verholzend, viele Seitentriebe und Stacheln (bis 6 m) | weiß, rosa, rot, gelb (2 – 5) | sonnig (lehmig, leicht humos, neutral) |
| **Rambler-Rosen**<br>*Rosa-Hybriden*<br>in Sorten | viele biegsame Zweige, wenig Seitentriebe (bis 8 m) | weiß, rosa violett (6 – 7) | sonnig (lehmig, leicht humos, neutral) |
| **Brombeere***<br>*Rubus fruticosus*<br>in Sorten | viele Sorten mit unterschiedlich vielen und langen Dornen, im Winter belaubt, essbare Früchte (bis 3 m) | weiß (5 – 6) | sonnig bis halbschattig (lehmig bis humos, sauer bis neutral) |
| **Immergrüne Brombeere**<br>*Rubus henryi* | immergrün, dornig, essbare Früchte (bis 6 m) | weiß, rosa (5 – 6) | sonnig bis halbschattig (lehmig bis humos, sauer bis neutral) |

* heimische Art

**Tipp** *Dornenlose Brombeeren und solche mit wenigen bzw. sehr kleinen Dornen können sich nicht selbst festhalten und müssen wie Spalierobst festgebunden werden (mehr dazu auf Seite 82).*

## Kletter-Rosen unterscheiden

Kletternde Rosen kann man nach ihrem Wuchs in drei Gruppen unterteilen.

▹ *Kletternde Wildrosen bzw. Kletter-Rosen mit Wildcharakter:*
Einzige heimische Art, die nicht durch Kreuzungen entstanden ist, ist die Acker-Rose *(Rosa arvensis),* die auch am Boden entlang kriechen kann. Züchtungen (aus *Rosa multiflora)* mit Wildcharakter sind die Moschus-Rosen-Hybriden (die Wildform *Rosa moschata* aus Asien gilt als verschollen). Von diesen beiden Kletter-Rosen gibt es zahlreiche Sorten mit unterschiedlichen Blütenfarben.

▹ *Kletter-Rosen / Climber:*
Darunter werden die zahlreichen Hybriden (meist von *Rosa chinensis)* verstanden, die aus Kreuzungen mit anderen asiatischen und amerikanischen Kletter-Rosen hervorgegangen sind. Der Einfachheit halber wird ihrem Gattungsnamen meist nur ein weiterer Name dazugestellt (z. B. *Rosa* 'Kiftsgate'). Sie haben meist größere, manchmal halb gefüllte Blüten und eine längere Blühzeit als die Wildformen. Ihre Triebe sind steif mit vielen Seitentrieben, die schnell verholzen. Viele Sorten wachsen langsam und erreichen eine Höhe von etwa 3 Metern.

▹ *Rambler-Rosen:*
Die Züchtungen (aus *Rosa wichuraiana* und *Rosa multiflora)* wachsen rasch und bis 8 Meter hoch mit dünneren, weichen, wenig verzweigten Trieben und haben einen anmutigen Wuchs. Die Blüten sind klein, meist duftend und erscheinen nur einmal im Jahr. Die Pflanzen verholzen nicht so stark und sind daher einfacher zu schneiden und am Gerüst zu leiten. Es gibt viele unterschiedlich wuchsstarke Sorten mit vielen Blütenfarben für alle sonnigen bis halbschattigen Standorte.

## Ranker

Zur Gruppe der Ranker gehören die Sprossranker, die Blattstielranker und die Blattranker (Achtung: Haftscheiben**ranker** sind Selbstklimmer).

- *Sprossranker* halten sich mit umgewandelten Blütenständen fest, so z. B. Echter Wein (siehe Abbildung auf Seite 27).
- Bei den *Blattstielrankern* wie den Waldreben *(Clematis)* sind es Blattstiele, die auf den Kontaktreiz hin geeignete Stützen umfassen.
- *Blattranker,* vorwiegend Einjährige wie die Duft-Wicke *(Lathyrus odoratus)*, halten sich mit umgewandelten Blättern fest.

Die Rankorgane umschlingen vorwiegend senkrechte Stäbe oder Seile, ranken aber auch diagonal und seitwärts an Gittern. Wichtig ist, dass das Stab- bzw. Gittermaterial nicht zu dick für das Rankorgan der Pflanzenart sein darf. Umgekehrt können zu dünne Schnüre oder Spanndrähte die Ranken bei Bewegung durch starken Wind zerschneiden.

Einige ausdauernde Ranker (ohne Clematis)

| **Deutscher Name**<br>*Botanischer Name* | **Wuchsform (Wuchshöhe)** | **Standort (Boden)** | **Blütenfarbe (Blühmonate)** | **Bemerkungen** |
|---|---|---|---|---|
| **Weiße Zaunrübe**<br>*Bryonia alba* | sommergrüne, ausdauernde Staude (bis 3 m) | sonnig bis halbschattig (frisch bis feucht, nährstoffreich) | weiß (5 – 9) | im Herbst über dem Boden abschneiden |
| **Rotebeerige Zaunrübe**<br>*Bryonia dioica* | sommergrüne, ausdauernde Staude (bis 3 m) | sonnig bis halbschattig (frisch bis feucht, nährstoffreich) | rot (5 – 9) | im Herbst über dem Boden abschneiden |
| **Breitblättrige Platterbse*, Stauden-Wicke**<br>*Lathyrus latifolius* | sommergrüne, ausdauernde Staude (bis 2 m) | sonnig bis halbschattig (frisch bis feucht, lehmig) | rosa, weiß (6 – 8) | stark wachsende, ausdauernde Staude, im Herbst über dem Boden abschneiden |

| Deutscher Name<br>*Botanischer Name* | Wuchsform<br>(Wuchshöhe) | Standort<br>(Boden) | Blütenfarbe<br>(Blühmonate) | Bemerkungen |
|---|---|---|---|---|
| **Chinesische Jungfernrebe**<br>*Parthenocissus henryana* | sommergrünes Gehölz, mittelstark wachsend (bis 10 m) | sonnig bis halbschattig (frisch, nährstoffreich, humos) | unscheinbar grüngelb (6 – 7) | dunkelgrünes Blatt mit silbergrauer Zeichnung, orange bis rote Herbstfärbung |
| **Himalaya-Jungfernrebe**<br>*Parthenocissus himalaya* 'Purpurea' | sommergrünes Gehölz, mittelstark wachsend (bis 10 m) | sonnig bis halbschattig (frisch, nährstoffreich, humos) | unscheinbar grüngelb (6 – 7) | tiefrote Herbstfärbung |
| **Gewöhnliche Jungfernrebe**<br>*Parthenocissus inserta* | sommergrünes Gehölz, mittelstark wachsend (bis 10 m) | sonnig bis halbschattig (frisch, nährstoffreich, humos) | unscheinbar grüngelb (6 – 7) | Achtung: Wird oft fälschlicherweise als *P. quinquefolia* angeboten, wobei die Varietät *engelmannii* selbstklimmend ist! |
| **Dreilappige Jungfernrebe**<br>*Parthenocissus tricuspidata* | sommergrünes Gehölz, stark wachsend (bis 20 m) | sonnig bis halbschattig (frisch, nährstoffreich, auch kalkhaltig) | unscheinbar grüngelb (6 – 7) | Achtung: Nicht die Sorte 'Veitchii' wählen, sie ist selbsthaftend und klettert über das Gerüst hinaus! |
| **Scharlach-Wein**<br>*Vitis coignetia* | sommergrünes Gehölz, mittelstark wachsend (8 – 10 m) | sonnig bis halbschattig | unscheinbar gelbgrün (6 – 7) | schöne rote Herbstfärbung |
| **Europäischer Wein***<br>*Vitis vinifera* ssp. *sylvestris* | sommergrünes Gehölz, langsam wachsend (bis 10 m) | sonnig bis halbschattig | unscheinbar gelbgrün (6 – 7) | kleine Früchte für Vögel, schöne Herbstfärbung, kann sehr alt werden, Blätter gedünstet essbar |

* heimische Art

## Attraktive Clematis

Unter den ausdauernden Rankern sind besonders die Clematis-Arten und -Sorten beliebt. Sie werden in der Mehrzahl nicht zu groß und schwer, wuchern nicht und bieten wunderschöne Blüten in vielen Farben. Jedes Jahr kommen neue Züchtungen hinzu, sodass kaum Wünsche an Wuchsform und Blütenfarbe offen bleiben. Alle Waldreben (Clematis) gehören zu den Blattstielrankern. Ihre Blattstiele umfassen auf einen Kontaktreiz hin alle nicht zu dicken Gitter, Stäbe und Seile. Neue Triebe lassen sich recht einfach in die gewünschte Richtung leiten, wenn man ein Blatt für einige Tage mit der Kletterhilfe dauerhaft in Kontakt bringt (z. B. durch vorübergehendes Anbinden).

Alle Clematis-Arten gedeihen in sonnigen bis halbschattigen Lagen auf mäßig trockenen bis feuchten Böden. Dabei darf die Erde nie ganz austrocknen und der Fuß der Pflanze sollte immer beschattet bzw. gemulcht werden. Von den etwa 200 Arten mit derzeit über 250 Sorten gibt es früh und spät blühende. Alle, die bis zum Frühsommer blühen, schneidet man gleich nach der Blüte nicht zu stark zurück, spät blühende Clematis dagegen im Februar oder März bis auf 30 bis 40 Zentimeter über dem Boden oder noch tiefer. Genaue Angaben zu Pflanzung und Schnitt findet man in der Regel auf dem Pflanzenetikett bzw. bekommt sie vom Züchter.

Heimisch ist nur die Gemeine Waldrebe *(C. vitalba)*, deren Blüten eher unscheinbar sind, die aber den ganzen Winter mit hübschen Samenständen punktet. Man findet diese starkwüchsige Liane in Auwäldern und an sonnigen Waldrändern und Hängen oberhalb von Flüssen, wo sie mehrere Meter an Büschen und Bäumen emporrankt. In milderen Lagen eingebürgert sind die kleinwüchsige Alpen-Waldrebe *(C. alpina)* und die duftende Anemonen-Waldrebe *(C. montana)*. Alle Clematis-Arten, einschließlich der groß blühenden Clematis-Hybriden, bieten Insekten Pollen, aber keinen Nektar.

## Einige empfehlenswerte Clematis-Arten (ausdauernde Ranker)

| **Deutscher Name**<br>*Botanischer Name* | **Wuchskraft (Wuchshöhe)** | **Blütenfarbe (Blühmonate)** | **Bemerkungen** |
|---|---|---|---|
| **Alpen-Waldrebe***<br>*Clematis alpina* | schwach<br>(2 – 3 m) | blauviolett<br>(5 – 6) | viele Sorten mit weißen, rotvioletten, roten Blüten, hübsche Samenstände im Winter |
| **Duft-Clematis, Brennende Waldrebe**<br>*Clematis flammula* | mittel<br>(3 – 5 m) | weiß<br>(7 – 9) | stark duftende Blüte |
| **Jackmans Waldrebe**<br>*Clematis jackmanii* | mittel bis stark<br>(3 – 4) | violett<br>(7 – 9) | große auffällige Blüte |
| **Anemonen-Waldrebe, Berg-Waldrebe***<br>*Clematis montana* | stark<br>(8 – 10) | weiß, creme, rosa<br>(5 – 6) | in Sorten, nach Vanille oder Schokolade duftende Sorten |
| **Orientalische Waldrebe**<br>*Clematis orientalis* | mittel<br>(bis 4 m) | dunkelgelb<br>(6 – 7),<br>(9 – 11) | in Sorten, hübsche Samenstände im Winter |
| **Duftglöckchen-Waldrebe**<br>*Clematis rhederiana* | mittel<br>(3 – 6 m) | cremegelb<br>(8 – 11) | Blüte duftet süßlich |
| **Mongolische Waldrebe**<br>*Clematis tangutica* | mittelstark<br>(4 – 5 m) | gelb<br>(6 – 9) | sehr winterhart, hübscher Fruchtbehang im Winter |
| **Scarlet-Clematis**<br>*Clematis texensis* | schwach<br>(2 – 3 m) | dunkelrot, violett<br>(8 – 10) | Sorte 'Ladybird Johnson' hierzulande winterhart |
| **Gemeine Waldrebe***<br>*Clematis vitalba* | sehr stark<br>(bis 12 m) | cremeweiß<br>(7 – 9) | hübsche, lang haftende Samenstände im Winter |
| **Italienische Waldrebe**<br>*Clematis viticella* | mittel<br>(3 – 4 m) | rotviolett<br>(6 – 10),<br>(9 – 10) | zweite Blüte nach Rückschnitt, hübsche Samenstände |
| **Großblütige Waldreben**<br>*Clematis-Hybriden* | schwach bis stark<br>(2 – 5 m) | diverse Farben und Blühzeiten | viele ungefüllte Sorten (gefüllte sterile Sorten besser meiden) |

*heimische Art bzw. Sorte heimischer Art

## Clematis kombinieren

Viele Kletterpflanzen wie Clematis haben nur eine eng begrenzte Blühzeit, andere attraktives bzw. immergrünes Laub, aber unscheinbare Blüten. Durch geschickte Kombinationen verschiedener Arten und Sorten lassen sich die Blühzeiten einer grünen Wand verlängern. So kann man einen immergrünen Kletterer wie Efeu als Hintergrund und als Kletterhilfe für eine sommergrüne, reich blühende Kletterpflanze wie Clematis nutzen.

Aber auch sommergrüne Kletterpflanzen lassen sich schön kombinieren, besonders wenn die Farben der Blüten aufeinander abgestimmt werden. So sieht z. B. die Clematis-Sorte 'The President' an Rosa 'Maigold' besonders attraktiv aus.

Da alle veredelten Clematis-Arten und -Sorten nicht sehr schwer werden, kann man sie bedenkenlos an anderen Klettergehölzen emporklimmen lassen. Besonders die oft kahlen Triebe am Fuß von Rosen lassen sich so wirkungsvoll begrünen und beschatten. Allerdings müssen die Ansprüche beider Pflanzenarten an Boden, Düngung und Wasserversorgung sowie Licht zusammenpassen.

Weitere mögliche Kombinationen von Kletterpflanzen sind:

- Duftwicke *(Lathyrus odoratus)* an Berg-Waldrebe *(Clematis montana)*
- Kletter-Rose (weiß blühende Sorte) an Efeu
- früh blühende Clematis an spät blühender Kletter-Rose
- Scharlach-Wein *(Vitis coignetia)* an Efeu
- Kapuzinerkresse *(Trapeolus majus)* am Fuß von Wein *(Vitis vinifera)*

# Schlinger (oder Winder)

*Im Sommer bietet Hopfen an Seilen einen schönen Sicht- bzw. Windschutz.*

Schlinger oder Winder, wie sie auch genannt werden, bilden keine Kletterorgane aus, sondern umschlingen mit ihren jungen Trieben vorwiegend senkrechte Pfosten, Stäbe oder dicke Drähte. Mit ihren Triebspitzen führen sie kreisende Suchbewegungen durch, bis sie Kontakt zu einem Untergrund gefunden haben. An diesem winden sie sich dann empor, wenn der Durchmesser der Stütze passend ist.

Es gibt ausdauernde Schlinggehölze (z. B. Glyzine), die sehr alt werden können und deren Triebe dabei stark verholzen. Ihr Dickenwachstum kann dabei so manche Stütze »erwürgen« (siehe dazu Seite 72). Schräge Stützen (unter 45 Grad) und waagerechte Stützen werden von ihnen nicht umschlungen (mit Ausnahme des Schling-Flügelknöterichs). Waagerechte Verstrebungen sind aber zusätzlich hilfreich, um die Pflanze vor dem Abrutschen an den senkrechten Stäben zu bewahren. Auch kann man hier Triebe durch Anbinden oder Einflechten seitlich weiterleiten, bis sie die nächste senkrechte Stütze erklommen haben.

Unter den Windern bzw. Schlingern gibt es Links- und Rechtsdreher. Bevor man einen Trieb um einen Stab oder Draht wickelt, sollte man genau hinschauen, in welche Richtung die Pflanze dreht. Manche Glyzinenarten *(Wisteria sinensis)* und Pfeifenwinden *(Aristolochia)* sind beispielsweise Linkswinder (gegen den Uhrzeigersinn), andere Glyzinenarten *(Wisteria floribunda)*, Geißblatt *(Lonicera)* und Hopfen *(Humulus)* sind Rechtswinder (im Uhrzeigersinn).

Viele Winder sind starkwüchsig und müssen gezielt geleitet und geschnitten werden, damit sie nicht auf Abwege geraten und schön blühen bzw. Früchte tragen.

## Kleine Auswahl ausdauernder Schlinger (Winder)

| **Deutscher Name** *Botanische Name* | **Wuchskraft (Wuchshöhe ohne Schnitt)** | **Standort (Boden)** | **Blütenfarbe (Blühmonate)** | **Bemerkungen** |
|---|---|---|---|---|
| **Mini-Kiwi, Scharfzähniger Strahlengriffel** *Actinidia arguta* in Sorten | stark (bis 8 m) | sonnig bis halbschattig (nährstoffreicher Gartenboden) | weiß (5 – 6) | männliche und weibliche Pflanzen; (siehe auch Seite 84) |
| **Buntblättrige Kiwi, Rosa Strahlengriffel** *Actinidia kolomikta* | mittel (bis 5 m) | sonnig bis halbschattig (frisch bis feucht, sauer) | unscheinbar, weiß (5 – 6) | rosa panaschiertes Blatt (nur in der Sonne und an jungen Pflanzen) |
| **Akebie, Klettergurke** *Akebia quinata* | stark (5 – 10 m) | sonnig bis halbschattig (alle Böden) | violett, purpurrosa (4 – 5) | längliche violette Früchte im Herbst |
| **Großblättrige Pfeifenwinde** *Aristolochia macrophylla* | sehr stark (bis 10 m) | halbschattig bis schattig (frisch bis feucht, lehmig, humos, neutral bis leicht kalkhaltig) | unscheinbar, grünlich braun (6 – 7) | attraktives herzförmiges Blatt, immergrün; sehr winterhart; giftig |
| **Gewöhnliche Zaunwinde*** *Calystegia sepium* | schwach (bis 3 m) | sonnig bis halbschattig (alle Böden) | weiß (7 – 9) | Staude, Triebe sterben im Winter ab; bildet Ausläufer |
| **Rundblättriger Baumwürger** *Celastrus orbiculatus* | sehr stark (bis 12 m) | sonnig bis halbschattig (alle sauren Böden) | unscheinbar (5 – 6) | gelbes Herbstlaub, attraktive Früchte, windverträglich |

| **Deutscher Name** *Botanische Name* | **Wuchskraft (Wuchshöhe ohne Schnitt)** | **Standort (Boden)** | **Blütenfarbe (Blühmonate)** | **Bemerkungen** |
|---|---|---|---|---|
| **Amerikanischer Baumwürger** *Celastrus scandens* | stark (bis 7) | sonnig bis halbschattig (alle sauren Böden) | unscheinbar (5 – 6) | zweihäusig getrennt-geschlechtlich; Blüten werden von Bienen besucht, Früchte für Vögel |
| **Schling-Flügelknöterich** *Fallopia aubertii* | sehr stark (8 – 15 m) | sonnig bis schattig (frisch bis feucht, nähr-stoffreich, auch kalkhaltig) | weiß-rosa (7 – 10) | ist selten empfehlenswert; im Winter stark zurückschneiden |
| **Hopfen*** *Humulus lupulus* in Sorten | stark-wüchsige Staude (6 – 8 m) | sonnig bis schattig (frisch bis feucht, humos bis lehmig, stickstoffreich) | grün (7 – 9) | hübsche Früchte; Rückschnitt bis zum Boden im Spätwinter |
| **Bittersüßer Nachtschatten*** *Solanum dulcamara* | schwach-wüchsige Staude (bis 2 m) | sonnig bis halbschattig (feucht bis nass, nährstoffreich) | violett (6 – 9) | rote Früchte; giftig; Sorte 'Variegata' mit weiß-grünem Laub; im Winter über dem Boden abschneiden |
| **Gewöhnliche Schmerwurz*** *Tamus communis* | schwach-wüchsige Staude (bis 3m) | sonnig bis halbschattig (feucht, humos) | gelblich grün (5 – 6) | zweihäusig ge-trenntgeschlecht-lich; winterhart bis -15 °C; rote Beeren an weiblichen Pflanzen; giftig |

* heimische Art

## Wuchsfreudige Glyzinen

Glyzinen *(Wisteria)* sind beliebte Schlinger, sie können sehr alt werden und beeindrucken bei richtiger Pflege durch ihre Blütenfülle (siehe auch Abbildung auf Seite 33). Blauregen oder Glyzinen (wie sie besser genannt werden, da es auch andere Blütenfarben gibt) müssen von Beginn an beschnitten und ihre verbliebenen Triebe gezielt geleitet werden. Alle Arten und Sorten sind starkwüchsig und bilden dicke Stämme und Triebe aus. Entsprechend groß und stabil muss die Kletterhilfe sein. Auf alle Fälle muss verhindert werden, dass sich die Pflanze selbst umschlingt und auf diese Weise ihren Haupttrieb »erwürgt«, was zum Absterben der gesamten Pflanze führen kann. Pflanzen Sie die starkwüchsigen Schlinger auf keinen Fall in die Nähe von Regenfallrohren, da diese durch die Umschlingung zerdrückt werden.

Der Chinesische Blauregen *(W. sinensis)* blüht zweimal im Jahr, meist vor dem Blattaustrieb im Frühjahr und dann noch einmal üppiger im Juli und August. Der Japanische Blauregen *(W. floribunda)* blüht Ende Mai zusammen mit dem Blattaustrieb. Die Blüten beider Arten werden von Honigbienen, Wildbienen (Blaue Holzbienen) und Hummeln besucht. Neben den Blüten scheiden auch die jungen Blätter einen süßen Nektar aus, der gerne von Bienen, Wespen, Ameisen und einigen Fliegenarten genascht wird. Nur veredelte Sorten blühen üppig, selbst gezogene Pflanzen aus Samen sind dagegen blühfaul. Außerdem muss die Pflanze gezielt zurückgeschnitten werden, damit sie ihre Energie in Blüten und nicht in üppiges Wachstum steckt.

Die Pflanzen werden nur im Frühjahr in humose, nährstoffreiche Erde gesetzt. Der Boden muss immer feucht sein und nach üppiger Blüte organisch, z. B. mit Kompost oder Hornspänen, gedüngt werden.

Glyzinen *(Wisteria)* im Überblick

| **Deutscher Name**<br>*Botanische Name* | **Wuchskraft (Wuchshöhe)** | **Standort (Boden)** | **Blütenfarbe (Blühmonate)** | **Bemerkungen** |
|---|---|---|---|---|
| **Japanischer Blauregen, Glyzine**<br>*Wisteria floribunda* in Sorten | stark (6 – 10 m) | sonnig bis halbschattig (durchlässig, nährstoffreich) | weiß, blau, rosa (5 – 7) | Rechtswinder; muss regelmäßig fachgerecht geschnitten werden; Blütenstände bis 50 cm lang hängend |
| **Amerikanischer Blauregen, Glyzine**<br>*Wisteria frutescens* in Sorten | stark (6 – 10 m) | sonnig bis halbschattig (durchlässig, nährstoffreich) | lila bis purpur (5 – 8) | Rechtswinder; regelmäßiger Schnitt nötig; Blüten an diesjährigen Trieben |
| **Chinesischer Blauregen, Glyzine**<br>*Wisteria sinensis* in Sorten | sehr stark (bis 20 m) | sonnig bis halbschattig (durchlässig, nährstoffreich) | hellviolett (5 – 7, nach Rückschnitt auch 9) | Linkswinder; regelmäßiger Schnitt nötig; braucht mildes Klima |
| **Duft-Blauregen, Glyzine**<br>*Wisteria × formosa* in Sorten | sehr stark (bis 10 m) | sonnig bis halbschattig (durchlässig, nährstoffreich) | weiß, purpur (5 – 7) | Linkswinder; muss regelmäßig geschnitten werden |

**Tipp** *Das Pflanzen einer Glyzine muss wohlüberlegt werden. Ist keine stabile Pergola vorhanden, muss erst ein geeignetes Rankgerüst gebaut und gut verankert werden. Anfangs müssen die Triebe gezielt geleitet und später immer wieder fachgerecht geschnitten werden, damit sich die typische Blütenfülle einstellt. Diese kommt nur zur Geltung, wenn die langen Blütenstände von der waagerechten Kletterhilfe frei herunterhängen können. Da sie sehr lang sind, müssen die Querstreben der Pergola mindestens in 3 Meter Höhe angebracht werden.*

## Kletterndes Geißblatt

Besonders naturnah mutet eine Begrünung mit Geißblatt an. Die Gattung der Geißblätter *(Lonicera)* umfasst neben einigen Sträuchern auch viele kletternde Arten. Bei uns sind nur das Wald-Geißblatt *(Lonicera periclymenum)* und Jelängerjelieber *(Lonicera caprifolium)* heimisch, doch auch die anderen in der Tabelle auf der nächsten Seite genannten Arten und Sorten finden bei Insekten, besonders bei vielen Schmetterlingen, großen Anklang. Offenbar gleichen sich die Blüten stark im Bau, sodass sich die Falter ohne Mühe auf nichtheimische Arten und Hybriden umstellen können. Alle bieten reichlich Nektar, der besonders bei langrüsseligen Nachtfaltern sehr beliebt ist (siehe Seite 95). Die bestäubten Blüten entwickeln sich im Spätsommer zu roten (oder blauen) Beeren, die vielen Singvögeln als Winternahrung dienen. Die leuchtend roten Beeren sind außerdem ein hübscher Winterschmuck.

Die hübschen Blüten der meisten kletternden Arten und Sorten der Gattung Geißblatt *(Lonicera)* duften süß wie Honig, vor allem abends und nachts. Sie locken auf diese Weise Nachtfalter an, die mit ihren langen Rüsseln am Nektar saugen, dabei Pollen aufnehmen und die nächsten Blüten bestäuben. Auf der Terrasse oder am Abendsitzplatz gepflanzt, umhüllen die Blüten auch uns Menschen mit ihrem charakteristischen Duft, der umso intensiver ist, je wärmer der Abend ist. Die angelockten Schmetterlinge locken ihrerseits Fledermäuse an, die sich so von uns leicht beobachten lassen.

Als typische Waldrandbewohner mögen alle Geißblätter eher halbschattige Standorte und einen humosen, feuchten und neutralen bis leicht sauren Boden. Das Pflanzbeet sollte immer von Laub oder Holzhäcksel bedeckt sein, wie es auch für einen Laubwaldboden typisch ist.

Manche Geißblatt-Arten hängen über, wenn sie über die Kletterhilfe hinauswachsen. So entwickeln sie einen malerischen Wuchs, der an Trauerformen von Bäumen erinnert. Wo das nicht stört, muss man die Triebe nicht abschneiden.

**Tipp** *Für schwach bis mittelstark wachsende Schlinger gibt es spezielle Gitter und Seilsysteme, die am Regenfallrohr oder an Pfosten montiert werden können (siehe Abbildung auf Seite 123 und 124).*

## Kleine Auswahl an kletterndem Geißblatt

| **Deutscher Name**<br>*Botanischer Name* | **Wuchskraft**<br>**(Wuchshöhe)** | **Blütenfarbe**<br>**(Blühmonate)** | **Bemerkungen** |
|---|---|---|---|
| **Trompeten-Geißblatt**<br>*Lonicera × brownii* | mittel<br>(3 – 4 m) | orange<br>(6 – 10) | attraktive Sorte:<br>'Dropmore Scarlet' |
| **Jelängerjelieber***<br>*Lonicera caprifolium* | mittel<br>(3 – 5 m) | gelb-weiß<br>(5 – 6) | rot glänzende Frucht |
| **Feuer-Geißblatt**<br>*Lonicera × heckrottii* | mittel<br>(3 – 4 m) | rot-weiß-gelb<br>(6 – 9) | Sorte 'Goldflamme' wächst dichter und höher |
| **Immergrünes Geißblatt**<br>*Lonicera henryi* | mittel<br>(3 – 5 m) | gelb-rot<br>(6 – 9) | wintergrünes Laub, blaue Frucht, auch für Schatten |
| **Japanisches Geißblatt**<br>*Lonicera japonica repens* | schwach<br>(2 – 3 m) | weiß-gelb<br>(5 – 6) | winter- bis immergrün; kriecht auch am Boden |
| **Wald-Geißblatt***<br>*Lonicera periclymenum* | mittel<br>(3 – 4 m) | rot-gelb<br>(5 – 6) | rote Früchte;<br>Sorte 'Serotina' blüht rot-weiß |
| **Gold-Geißblatt**<br>*Lonicera × tellmanniana* | mittel<br>(4 – 6 m) | gelb<br>(6 – 9) | orange, kleine Früchte;<br>auch für schattige Standorte |

*heimische Art

*Weinschwärmer und andere Nachtfalter werden nicht nur von duftenden Stauden wie dem Seifenkraut angezogen. Auch die Blüten der verschiedenen Geißblatt-Arten und -Sorten werden von ihnen gerne besucht.*

# Überhänger für Mauern und Hang

Gartenmauern, die einen Hang stützen, kann man auch von oben mit überhängenden Gehölzen dauerhaft begrünen. Wenn es am Mauerfuß, z. B. wegen eines angrenzenden Gehsteigs, nicht möglich ist, ein Pflanzbeet herzustellen, ist das meist sogar die einzige Alternative für eine Mauerbegrünung. An derart exponierten Standorten sind die Gehölze aber frostempfindlicher, leiden mehr unter Hitze und Trockenheit und sind empfänglicher für Schadorganismen. Die in der Tabelle auf Seite 77 angegebene Schleppenlänge erreichen sie nur unter optimalen Bedingungen.

Die Gehölze werden stets schräg zur Hangrichtung gepflanzt und nicht senkrecht wie bei üblichen Gehölzpflanzungen. Die in der Tabelle genannten Laubgehölze wurzeln alle in normalem, lehmig bis humosem, leicht feuchtem Gartenboden. Die Pflanzgrube sollte mindestens 40 Zentimeter breit und tief sein. In den ersten Jahren muss eine gleichmäßige Bewässerung gewährleistet sein, bis die Wurzeln tiefere Bodenschichten erreicht haben. Eine dicke Mulchdecke aus organischem Material wie Laub, Holzhäcksel oder Rindenmulch verhindert das Austrocknen und fördert die Humusbildung.

*Überhänger, deren Schleppen zu ausladend werden, können mit quer gespannten Drähten gebändigt werden. Ist genügend Platz vorhanden, dürfen sie sich üppig ausbreiten.*

## Schleppenartig überhängende Gehölze für Hang- und Mauerbegrünungen

| **Deutscher Name**<br>*Botanischer Name* | **Schleppen-länge** | **Blütenfarbe (Blühmonate)** | **Bemerkungen** |
|---|---|---|---|
| **Hänge-Sommerflieder**<br>*Buddleja alternifolia* | 2 – 3 m | rotviolett<br>(6 – 7) | sehr beliebt bei Schmetterlingen |
| **Teppich-Mispel**<br>*Cotoneaster dammeri*<br>in Sorten | 0,5 – 3 m | weiß<br>(5 – 6) | beliebt bei Bienen |
| **Kletterspindel**<br>*Euonymus fortunei*<br>in Sorten | 0,8 – 1,5 m | weiß<br>(6 – 7) | bildet auch Haftwurzeln; giftig! |
| **Winter-Jasmin**<br>*Jasminum nudiflorum* | 2 – 5 m | gelb<br>(2 – 3) | auch für den Schatten geeignet |
| **Goji-Beere**<br>*Lycium barbarum*<br>'Sweet Lifeberry' | 2 – 3 m | violett<br>(6 – 7) | essbare Früchte |
| **Bodendecker-Rosen**<br>*Rosa-Hybriden* | 0,5 – 2 m | weiß, rosa<br>(5 – 7) | in vielen, mehr oder weniger kompakten Sorten |
| **Kriech-Rose***<br>*Rosa arvensis* | 1 – 2 m | weiß<br>(6 – 7) | duftend, Nektar- und Pollenspender |
| **Moschus-Rose**<br>*Rosa moschata* 'Ballerina' | 1 – 2 m | rosarot<br>(5 – 6) | duftend, Nektar- und Pollenspender |
| **Vielblütige Rose**<br>*Rosa multiflora* | 1,5 – 3 m | weiß<br>(6 – 7) | duftend, Nektar- und Pollenspender |
| **Kratzbeere***<br>*Rubus caesius* | 1 – 3 m | weiß<br>(6 – 9) | Nektar- und Pollenspender, essbare, saure Früchte |
| **Hängende Sal-Weide***<br>*Salix caprea* 'Pendula' | 1 – 2 m | gelb<br>(3 – 4) | wichtige erste Bienenweide |
| **Spierstrauch**<br>*Spirea thunbergii, S. trilobata, S. vanhouttei* | 1 – 2 m | weiß, rosa<br>(4 – 6) | viele Sorten, auch buntlaubige und mit schöner Herbstfärbung |

* heimische Art bzw. Sorte heimischer Art

**Tipp** *Beim Rückschnitt der überhängenden Gehölze niemals die oben aufliegenden, belaubten Triebe, sondern immer nur die älteren, stark verholzten und blattlosen Triebe darunter entfernen.*

## Überhängende Zwerggehölze

Kleine Mauern, Pflanztröge und Balkone lassen sich auch mit überhängenden Zwerggehölzen von oben begrünen. Die in der Tabelle auf der nächsten Seite genannten natürlichen Zwergformen und gezüchteten Kleingehölze kommen mit wenig Wurzelraum aus. Sie lassen ihre Triebe dekorativ über den Rand von Mauern und Gefäßen hängen. Voraussetzung für ihr Überleben im Winter ist eine gute Dränage und das Beenden des Düngens im späteren Sommer. Die Wurzeln leiden oft mehr unter dem Wechsel von Frieren und Auftauen und unter Staunässe als unter dem Frost. Wenig gedüngte Triebe sind außerdem wesentlich frosthärter als gut genährte Triebe mit dünneren Zellwänden und viel Zellwasser.

Zu den Zwerggehölzen zählen »echte Zwerge«, die auch in der Natur nicht höher als etwa 1 Meter werden, z. B. viele Erica-Arten und Heidelbeeren. Nicht wenige strauchartige Gehölze wachsen in der Jugend schnell und stellen dann das Längenwachstum ein oder bilden überhängende, unverholzte Triebe, wie z. B. Buddleja, einige Ginster-Arten und Zwerg-Weiden. Sommerblühende Klein- und Halbsträucher schneidet man im Frühjahr bis zum Boden zurück. Sie treiben dann kräftig aus und bilden Blüten, werden aber selten höher als 1 Meter.

Kriechende Gehölze sind ebenfalls Zwerggehölze. Sowohl sommer- als auch immergrüne Arten und Sorten sind als Überhänger an Hängen und Mauern, oft auch für Kübelbepflanzungen, geeignet. Besonders die natürlich vorkommenden »Zwerge« sind an klimatisch raue Bedingungen im Gebirge angepasst und vertragen daher auch den Winter im Kübel.

### Kleinstrauch-Rosen als Überhänger

Neben den in der Tabelle auf der nächsten Seite genannten Arten gibt es auch viele Sorten von Kleinstrauch-Rosen, die sich für eine Kübelbepflanzung eignen. Sie sind allerdings alle sehr stachelig und bilden lange Triebe, die man regelmäßig kürzen muss. Neben der Blütenfarbe und dem Duft sollte man bei deren Auswahl auch darauf achten, dass die Rosen viele kleine Hagebutten tragen. Sie erfreuen mit ihrem schönen Winterschmuck und werden gerne von Vögeln gefressen (siehe dazu auch Seite 105).

## Überhängende Zwerggehölze für niedrige Mauern und Pflanzkübel (mindestens 10 l) in sonnigen Lagen

| **Deutscher Name**<br>*Botanischer Name* | **Schleppen-länge** | **Blütenfarbe (Blühmonate)** | **Bemerkungen (Boden)** |
|---|---|---|---|
| **Echte Bärentraube***<br>*Arctostaphylos uva-ursi* | 10 – 30 cm | weiß, rosa<br>(3 – 5) | immergrün,<br>leuchtend rote Beeren<br>(sauer) |
| **Niederliegender Geißklee***<br>*Cytisus decumbens* | 15 – 30 cm | gelbgrün<br>(4 – 6) | leuchtende Blüten<br>(basisch, trocken) |
| **Purpur-Geißklee***<br>*Cytisus purpureus* | 20 – 50 cm | rosarot<br>(5 – 7) | bildet Ausläufer;<br>(neutral, trocken) |
| **Rosmarin-Seidelbast***<br>*Daphne cneorum* | 30 – 50 cm | rosarot<br>(5 – 6) | langsam wachsend,<br>duftend; giftig!<br>(basisch, trocken) |
| **Zwerg-Deutzien**<br>*Deutzia gracilis*,<br>kleine *Deutzia-Hybriden* | 50 – 100 cm | weiß, rosa<br>(5 – 6) | blütenreich, beliebt<br>bei Schmetterlingen<br>(neutral, feucht) |
| **Färber-Ginster***<br>*Genista tinctoria* | 30 – 60 cm | gelb<br>(6 – 8) | gegebenenfalls<br>Rückschnitt im Frühjahr<br>(neutral bis sauer) |
| **Mannsblut**<br>*Hypericum androsaemum* | 10 – 30 cm | gelb<br>(6 – 8) | aufrecht bis<br>überhängend<br>(neutral) |
| **Kriech-Weide***<br>*Salix repens* | 30 – 50 cm | gelb<br>(3 – 4) | erste Bienenweide<br>(neutral) |
| **Kärntner Spierstrauch**<br>*Spiraea decumbens* | 20 – 40 cm | weiß<br>(5 – 6, 10) | zweite Blüte im Herbst<br>(neutral) |
| **Kissen-Eibe**<br>*Taxus baccata* 'Repandens' | 30 – 80 cm | unscheinbar<br>(5 – 6) | immergrünes<br>Nadelgehölz<br>(neutral bis sauer) |
| **Kaskaden-Thymian**<br>*Thymus longicaulis* | 10 – 20 cm | rosa<br>(3 – 10) | Halbgehölz; aromatische,<br>essbare Blätter<br>(basisch) |
| **Cranberry,**<br>**Großfrüchtige Moosbeere**<br>*Vaccinium macrocarpon* | 30 – 80 cm | rosa-weiß<br>(6 – 7) | essbare Früchte<br>(sauer) |

*heimische Art

## Überhängende Stauden

Eine wenig genutzte, aber ebenso schöne und dauerhafte Alternative zur Begrünung von Hängen und Mauern sind Stauden, die überhängend wachsen. Einige bilden mit ihren Trieben lange Schleppen (beispielsweise die Bunte Kronwicke und die Breitblättrige Platterbse), andere lassen Ausläufer an der Mauer bzw. dem Kübel herunterhängen (beispielsweise die Wald-Erdbeeren). Viele neigen zum Wuchern, was an einem Hang aber durchaus von Vorteil sein kann. Sie verdrängen so unerwünschte Wildkräuter und bedecken den Boden. Manche sind immergrün und daher auch im Winter eine Augenweide (beispielsweise das Immergrün). In Pflanztrögen können aber nur die wenigsten Staudenarten überwintern, da hier der Wurzelballen durchfrieren kann und der Wind die Pflanzen zusätzlich austrocknet. Ganz wichtig ist auch hier eine ausreichende Dränage im Kübel, da nasse Winter oft mehr schaden als trockene, kalte. Im Sommer ist dagegen eine zusätzliche Bewässerung nötig.

Versuchen Sie es doch einmal mit den heimischen, immergrünen und hübsch blühenden Arten wie der Gewöhnlichen Gundelrebe *(Glechoma hederacea)* oder der Wald-Erdbeere *(Fragaria vesca)* im Halbschatten und auf eher sauren, aber auch trockenen Böden. Ein bisschen feuchter mag es das eingebürgerte Immergrün *(Vinca)*. Alle drei mögen gerne viel Holzhäcksel in den Zwischenräumen nach der Pflanzung und breiten sich anschließend auch darauf aus.

Für sonnige, lehmige bis sandige Böden eignen sich ausbreitungsfreudige sommergrüne Stauden wie Bunte Kronwicke *(Coronilla varia)*, Fingerkraut *(Potentilla)* und viele Wicken-Arten *(Vicia)*.

**Tipp** *Die üppig wachsenden und in grellen Farben blühenden Polsterstauden, die man in Gartencentern kaufen kann und häufig in Beton-Pflanzsteinen sieht, sollte man möglichst nicht verwenden. Es handelt sich um sterile Sorten, die weder Nektar noch Pollen bieten und deshalb trotz ihrer Blütenfülle für Tiere wertlos sind.*

# Wärmeliebende Kletterpflanzen

Mauern und Hauswände eignen sich besonders gut als Standorte für wärmeliebende Kletterpflanzen. Da der Platz meist begrenzt ist, sollte man vorher gut überlegen, welche Pflanzen dafür infrage kommen. Kletterpflanzen aus dem Süden, wie z. B. die Bougainvilleen, zaubern ein südliches Flair auf die Terrasse, sind aber auch nicht einfach zu halten. Andere in der Tabelle auf Seite 87 vorgestellte Arten machen auf Dauer meist mehr Freude.

An nach Süden ausgerichteten Fassaden kann man auch in kühleren Gegenden Obst ernten, das an anderen Standorten erfrieren würde, wie Weinbeeren, Pfirsiche oder Feigen. Sie alle lieben sonnige, wärmespeichernde Mauern und Fassaden und müssen manchmal auch im Wurzelbereich vor Frost geschützt werden. Eine passende Kletterhilfe mit genügend Platz zur Hauswand und für die Ernte der Früchte ist hier meist sehr sinnvoll. Gute Bodenpflege und richtiger Erziehungsschnitt sichern eine gute Ernte. Ein schönes, beranktes Spalier wertet zudem jede Fassade auch optisch auf.

*Niedrige Bungalows eignen sich gut für Spalierobst, wenn die Fassade nach Süden zeigt. An Fertigbauten und von außen gedämmten Fassaden stellt man das Spalier besser vor die Fassade, sodass sie nicht angebohrt werden muss.*

# Köstliches Spalierobst

Ein Gehölz (Baum oder Strauch) wird zur Spalierpflanze, wenn es durch den passenden Schnitt und Anbinden an ein Gerüst zu einem annähernd zweidimensionalen Wuchs gezwungen wird. So nehmen auch starkwüchsige Bäume wie Birnen nicht viel Platz ein und können in Reihe an der Gartengrenze oder direkt an einer Mauer oder Hauswand gepflanzt werden. Diese gärtnerische Technik entwickelte sich erst Mitte des 17. Jahrhunderts in Frankreich und wurde dann Mitte des 18. Jahrhunderts in England und den Niederlanden weiterentwickelt.

Obstgehölze, die ein hohes Wärmebedürfnis haben, eignen sich besonders gut als Spalierbäume an Süd- und Südwest-Fassaden. An der Hauswand oder Mauer wird ein stabiles und dauerhaftes Spalier aus Latten oder dicken Metallstäben befestigt oder frei stehend davor platziert. Die in der Baumschule dafür vorbereiteten Obstgehölze werden dann je nach gewünschter Form so geschnitten, dass die Äste und Zweige nur parallel zur Hauswand wachsen. Man unterscheidet je nach Schnittform zwischen dem naturnahen Fächerspalier, den strengen Palmettenspalieren und dem waagerechten Kordon (siehe Abbildungen auf der nächsten Seite). Spalierbäume zu »erziehen«, ist eine spezielle Kunst, die unbedingt Fachwissen und Liebe zum Detail erfordert. Belohnt wird man dafür mit reicher Ernte und einer ganz besonderen Fassadengestaltung.

Einfacher als viele Spalierformen ist die Erziehung von säulenförmigen Obstbäumen, die keine Äste besitzen und deren Früchte direkt am Stamm bzw. kleinen Zweigen wachsen. Da sie nur kleine Wurzelballen entwickeln, müssen sie jedoch gut gedüngt und regelmäßig gewässert werden. Man pflanzt sie in Abständen von mindestens 1 Meter und bindet die Stämme an waagerechten Latten, Metallstäben oder Spanndrähten (senkrechter Schnurbaum) fest. In der gewünschten Höhe werden

**Tipp** *Erkundigen Sie sich immer vor dem Kauf der Pflanzen über die Möglichkeiten der Erziehung, den Platzbedarf und die Standortvoraussetzungen der betreffenden Sorte.*

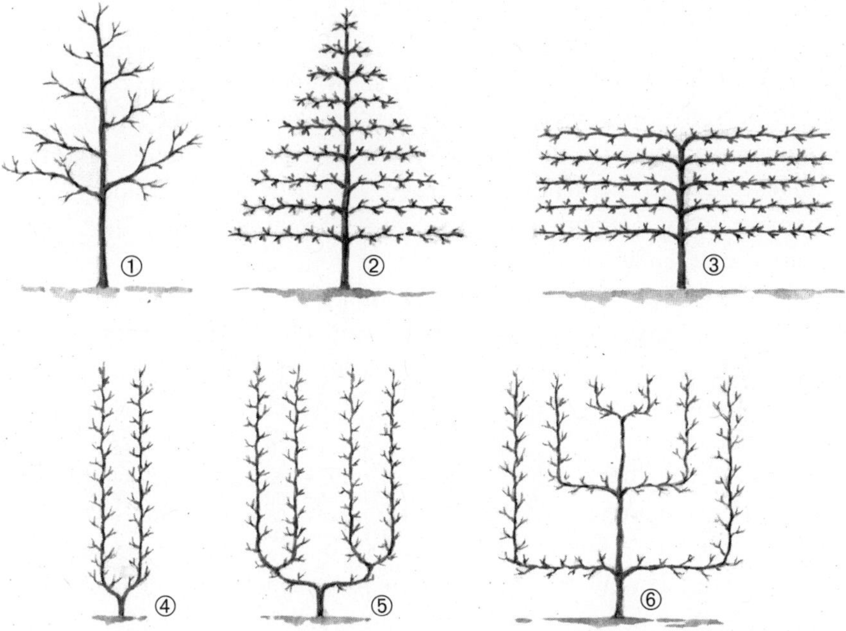


*Viele Obstgehölze lassen sich am Spalier in unterschiedliche Kronenformen erziehen: Am wenigsten Arbeit macht die Fächerform (1). Alle weiteren Formen wie waagerechter Kordon (3), U-Form (4), doppelte U-Form (5), Palmette (2) und Verrier-Palmette (6) verlangen akkuraten Schnitt und symmetrisch gewachsene Ausgangspflanzen.*

die Stämme dann einfach gekappt. Säulenobst lebt jedoch längst nicht so lange wie gut verzweigte Spalierbäume.

Für die Spaliererziehung eignen sich Äpfel, Birnen, Nashis, Quitten, Aprikosen, Pfirsiche, Nektarinen, Pflaumen, Mirabellen, Reneclauden, Sauerkirschen und Feigen.

Weniger wärmebedürftige Obstgehölze wie Äpfel eignen sich auch für bereits vorhandene bzw. frei stehende Klettergerüste, Spaliere oder Zäune im Garten. Sie können als Raumteiler oder anstelle einer Hecke eingesetzt werden. Wo der Wind durch das Laub wehen kann, sind sie zudem weniger anfällig für Pilzkrankheiten als an Hauswand oder Mauer.

# Klettergehölze mit essbaren Früchten

Kletterpflanzen mit essbaren Früchten wie Brombeeren, Kiwis und Weinbeeren zählen nicht zum Spalierobst, können aber ebenfalls an Spalieren an der Hauswand oder einer Mauer in gewünschten Formen angebunden und geschnitten werden. Dabei ist der Aufwand wesentlich geringer als beim Formieren eines Spaliergehölzes. Im Garten sehen die Pflanzen auch am Zaun, an einem Laubengang, Raumteiler oder einem frei stehenden Spalier schön aus.

Für die Auswahl der Kletterhilfe und eine reiche Ernte ist hier besonders wichtig, dass man die Pflanzen im Beet gut düngen, mulchen und wässern kann. Die Früchte sollten gut zu pflücken sein, ohne dass man eine Leiter braucht. Auch wenn einfache Pfosten mit Spanndrähten ausreichend scheinen, bietet eine ansprechende Kletterhilfe, z. B. in Form eines attraktiven Gitters aus Holz oder Metall, im Winter einen schöneren Anblick. Stark wachsende Klettergehölze wie Kiwis lassen sich auch gut an einer Pergola oder einem Laubengang ziehen. Hier gibt es auch genügend Platz für die männliche Pflanze, die für die Befruchtung der zweihäusigen Sorten nötig ist. Man kann diese aber auch an einem anderen Ort im Garten wachsen lassen.

## Essbare Früchte vom Spalier

| **Deutscher Name**<br>*Botanischer Name* | **Spaliere (Standort)** | **Früchte** | **Bemerkungen** |
|---|---|---|---|
| **Mini-Kiwi, Strahlengriffel**<br>*Actinidia arguta* in Sorten, z. B. 'Weiki', 'Kens Red', 'Julia', 'Issai', 'Ananasnaya', 'Kiwai-Rouge' | Drähte, Gitter, Spaliere, Pergolen (Halbschatten, SO oder SW, sehr frosttolerant) | 2 – 4 cm groß, glatte Schale essbar, grün, rot, violett | männliche Pflanze ('Nostino', 'Milano', 'Weiki') mit etwas mehr Abstand zu den weiblichen pflanzen;<br>ab dem 3. Jahr ohne und mit Erziehungsschnitt |
| **Kiwi**<br>*Actinidia chinensis* 'Jenny',<br>*A. deliciosa* | Drähte, Gitter, Spaliere, Pergolen (sonnig bis halbschattig, frostempfindlich) | pflaumengroß, grün | zweihäusig, selbstbefruchtend, aber ertragreicher mit Befruchter |

| **Deutscher Name**<br>*Botanischer Name* | **Spaliere (Standort)** | **Früchte** | **Bemerkungen** |
|---|---|---|---|
| **Brombeeren**<br>*Rubus fruticosus, R. gratus, R. hildegardiensis, R. montanus, R. winteri* | Drähte, Gitter, Spaliere (sonnig bis halbschattig) | schwarzviolett, Beeren sehr wohlschmeckend | viele robuste Stacheln, Pflanzen neigen zum starken Wuchern |
| **Stachellose Brombeere**<br>*Rubus fruticosus* in Sorten ('Black Satin', 'Navaho', 'Nessy' 'Oregon Thornless') | Drähte, Gitter, Spaliere (sonnig bis halbschattig) | schwarzviolett | muss festgebunden werden; wuchern weniger als stachelige Sorten |
| **Herbst-Himbeeren**<br>*Rubus idaeus* in Sorten, z. B. 'Aroma-Queen', 'Golden Everest' | Drähte, Gitter, Spaliere, als Hecke am Zaun (sonnig bis halbschattig) | orangegelb, rosa bis rot, von August bis Oktober | keine Rutenkrankheit bei Schnitt im Dezember bis über den Boden |
| **Schwarze Himbeere**<br>*Rubus × neglectus* 'Glen Coe' | Drähte, Gitter, Spaliere, Pfosten (sonnig) | violett, Geschmack zwischen Him- und Brombeere | stachellos, stark wachsend |
| **Dorman Red**<br>*Rubus parviflorus × Dorsett* | Drähte, Gitter, Spaliere (sonnig) | hellrot, himbeerähnlich, rund, glänzend, in Dolden | wenig stachelig, hübsche rosa Blüten, im Herbst leuchtend gelb-orange Laubfärbung |
| **Japanische Weinbeere**<br>*Rubus phoenicolasius* | Gitter, Bögen (sonnig) | rot, wohlschmeckend, himbeerähnlich | muss hochgebunden werden |
| **Faltblättrige Brombeeren**<br>*Rubus plicatus* | Drähte, Gitter, Spaliere (sonnig bis halbschattig | schwarz, schmackhaft | nicht wuchernd |
| **Weinbeere**<br>*Vitis vinifera* in Sorten | waagerechter Cordon, an Hauswand oder Mauer (sonnig) | rot oder weiß, Tafel- oder Weintrauben | essbares Laub, schöne Herbstfarben |

# Blütenreiche Klettergehölze für milde Lagen

Bougainvillea und andere attraktive Kletterpflanzen, die aus dem mediterranen Europa, aus Afrika oder den Küstenregionen Asiens oder Amerikas kommen, sind bei uns nicht oder nur in sehr milden Lagen (sogenannten »Weinbergslagen«) ausdauernd. Man pflanzt sie deshalb besser in große Kübel und holt sie vor dem ersten Frost ins Haus. Als Winterquartier eignet sich ein ungeheizter heller Wintergarten, ein kühles Treppenhaus oder Windfang. Die Pflanzen müssen dort vor direkter Wintersonne geschützt werden. Für das Gießen im Winter braucht es ein wenig Erfahrung, damit die Pflanzenwurzeln nicht faulen. Die Erde kann an der Oberfläche trocken sein, in etwa 3 Zentimeter Tiefe nur leicht feucht. Überschüssiges Wasser im Untersetzer muss entfernt werden. Eine gute Dränage aus Porotonkügelchen oder Ähnlichem schützt vor Staunässe im Kübel. Das Düngen wird bereits im Spätsommer eingestellt und erst ab Mai wieder begonnen.

Im Sommer brauchen alle in der Tabelle auf der nächsten Seite genannten Gehölze regelmäßig Wasser und Dünger. Lediglich der Sternjasmin verträgt auch eine schwankende Wasserversorgung.

Der Standort im Sommer sollte sonnig und warm sein, damit die »Mediterranen« und Exoten heimatliche Bedingungen vorfinden. Eine Südwand mit einem Rankgitter auf der Terrasse ist ideal, auch für Schlinger. Im Herbst schneidet man die Triebe von der Kletterhilfe ab und die Pflanze auf eine praktische Höhe zurück, bevor man sie ins Winterquartier bringt.

Manche der genannten Kübelpflanzen können in milden Gegenden auch ausgepflanzt werden und in geschützten Lagen am Haus auch im Freiland überwintern. Dazu werden die Triebe im Herbst zurückgeschnitten und der Wurzelballen mit einer dicken Schicht Laub schützt. Erkundigen Sie sich aber erst genau in der Gärtnerei, welche Arten bzw. Sorten sich dafür in Ihrer Gegend eignen und welche Pflege empfohlen wird. Einige Gärtnereien haben sich auf das Überwintern frostempfindlicher Pflanzen spezialisiert. Sie holen die Kübel bei den Besitzern ab und pflegen die Pflanzen fachgerecht in ihren frostfreien Quartieren. Im Frühling bringen sie die Kübel bei geeigneter Witterung wieder zurück.

## Frostempfindliche Klettergehölze für Kübel in der Sonne (benötigen frostfreies Winterquartier)

| **Deutscher Name**<br>*Botanischer Name* | **Kletterweise (Wachstum)** | **Blütenfarbe (Blühmonate)** | **Überwinterung im Kübel (im Haus)** |
|---|---|---|---|
| **Bougainvillea**<br>*Bougainvillea spectabilis (B. glabra)* in Sorten | immergrüner Spreizklimmer (mittel) | violette bzw. gelbe Hochblätter (4 – 6) | bei 0 – 10 °C, Blattfall bei wenig Licht |
| **Mandevilla**<br>*Dipladenia mandevilla* | immergrüner Schlinger (anfangs langsam, dann mittel) | weiß, rosa, rot (5 – 10) | bei 10 – 15 °C, Blattfall bei wenig Licht |
| **Goldwein**<br>*Hibbertia scandens* | immergrüner Schlinger (langsam) | goldgelb, glänzend (6 – 8) | bei 5 – 15 °C, hell |
| **Gewöhnlicher Jasmin**<br>*Jasminum officinale* | Ranker (stark) | weiß, duftend (7 – 8) | bei 0 – 10 °C |
| **Laubenwein**<br>*Pandorea jasminoides* | immergrüner Ranker (schnell) | rosa (6 – 10) | bei 3 – 15 °C, hell |
| **Jasmin-Nachtschatten**<br>*Solanum jasminoides* in Sorten | Ranker (schnell) | blau, weiß (7 – 10) | bei 5 – 10 °C, hell oder dunkel |
| **Kap-Geißblatt**<br>*Tecomaria capensis* | sommergrüner Strauch, muss festgebunden werden (mittel) | orangerot, gelb (6 – 8) | bei 3 – 10 °C, mäßig hell |
| **Himmelsblume**<br>*Thunbergia grandiflora* | sommergrüner Ranker (schnell) | blau (7 – 9) | bei 8 – 15 °C, mäßig hell |
| **Gelber Sternjasmin**<br>*Trachelospermum asiaticum* | Schlinger (langsam) | hellgelb, duftend (6 – 8) | bei 6 – 8 °C, hell |
| **Sternjasmin**<br>*Trachelospermum jasminoides* | Schlinger (langsam) | weiß, duftend (6 – 8) | bei 6 – 10 °C, hell |

**Tipp** *Wohnräume und beheizte Wintergärten sind zum Überwintern der Pflanzen nicht geeignet!*

# Einjährige Kletterstauden

Einjährige Kletterpflanzen verholzen nicht. Sie wachsen, blühen und bilden Samen innerhalb einer Vegetationsperiode. Manche wachsen so rasch, dass sie bei rechtzeitiger Aussaat oder Vorkultur im Sommer als wirkungsvoller Sichtschutz oder Schattenspender dienen können. Ihr Nährstoff- und Wasserbedarf ist entsprechend hoch, besonders wenn sie im Kübel gezogen werden. Dieser sollte mindestens 10 Liter Inhalt haben. Handelsübliche Balkonkästen reichen auf keinen Fall dafür aus. In Kübeln auf Terrassen, Dachgärten und Balkonen wachsen die meisten Kletterpflanzen deutlich schwächer als im Gartenboden. So eignen sich auch stark wachsende Kletterer wie Feuerbohnen für Kübel. Eine wöchentliche Düngung und tägliche Bewässerung sind dennoch Voraussetzungen für ihre Entwicklung und eine reiche Blüte.

Einjährige Kletterer sind im Garten auch ideal für Zäune und Sichtschutzelemente, die regelmäßig gestrichen werden sollen und deshalb nicht so einfach mit Stauden oder Gehölzen begrünt werden können. Für Tipis aus Bohnenstangen oder als vorübergehende Begrünung, wenn junge Gehölze noch wachsen müssen, sind sie ebenfalls gut geeignet. Bei der Wahl der Kletterhilfe richtet man sich auch hier nach der Kletterweise der Pflanzenarten.

Manche sogenannte Einjährige sind in ihrer warmen, frostfreien Heimat mehrjährig und können in hellen, kühlen Räumen im Kübel überwintern. Dazu schneidet man sie vom Spalier herunter und stellt den Kübel ab September bzw. wenn die Nachttemperatur am Standort unter 10 °C fällt ins Winterquartier. Noch praktischer sind Kübel mit daran befestigten Kletterhilfen.

Allerdings wachsen alle Kletterpflanzen im Kübel nicht so rasch wie im Beet und haben auf dem beengten Raum einen hohen Wasser- und Nährstoffbedarf. Meist hilft hier nur das Ausprobieren, da die Witterung, die Standortbedingungen, die Sorten der Pflanzenarten und die Pflege, die sie bekommen, sehr unterschiedlich sein können.

## Einjährige Kletterpflanzen für Garten und Balkon

| **Deutscher Name** *Botanischer Name* | **Kletterweise, Wuchsstärke (Wuchshöhe)** | **Blütenfarbe (Blühmonate)** | **Standort, Kultur, Bemerkungen** |
|---|---|---|---|
| **Ballonrebe** *Cardiospermum halicababum* | Blattranker, sehr rasch (1,5 – 4 m) | grünlich weiß (6 – 9) | sonnig, warm, geschützt; Aussaat in sandig humosen Boden, hoher Wasser- und Düngerbedarf; grüne, ballonförmige Früchte |
| **Glockenrebe** *Cobaea scandens* | Blattranker, sehr rasch (3 – 5 m) | blauviolett, duftend (8 – 10) | sonnig bis halbschattig; Vorkultur ab Februar, im Kübel Überwinterung hell bei 10 °C |
| **Zierkürbis** *Cucurbita pepo* var. *ovifera* | Blattranker, sehr stark (3 – 6 m) | gelb (7 – 9) | sonnig bis halbschattig; Vorkultur; Früchte in diversen Farben und Formen, nicht essbar |
| **Schönranke** *Ecremocarpus scaber* | Blattranker, sehr stark (3 – 5 m) | orangerot (6 – 10) | sonnig bis halbschattig; Vorkultur; lehmig bis humos, immer feucht, keine Staunässe |
| **Japanischer Hopfen** *Humulus scandens* | Schlinger, stark (3 – 6 m) | gelb-grün (7 – 8) | sonnig bis schattig; Vorkultur oder Aussaat; alle Gartenböden |
| **Prunkwinde** *Ipomea tricolor* in Sorten | Schlinger, stark (2 – 5 m) | viele Farben, je nach Sorte (6 – 9) | sonnig; Vorkultur oder Aussaat; alle Gartenböden; giftig |
| **Duftwicke** *Lathyrus odoratus* in Sorten | Blattranker, mittel (1 – 2,5 m) | rosa, purpur, rot, duftend (7 – 9) | sonnig bis halbschattig; Vorkultur oder Aussaat; alle Gartenböden; Samen giftig |
| **Feuer-Bohne** *Phaseolus coccineus* | Schlinger, sehr stark (4 – 5 m) | orangerot (6 – 9) | Bohne roh giftig, gekocht essbar; Aussaat; in Kübeln nur bis 2 m hoch wachsend, wenig düngen |
| **Sternwinde** *Quamoclit lobata* | Schlinger, mittel (1 – 3 m) | rot-orange-gelb (7 – 9) | sonnig, wind- und regengeschützt; Vorkultur oder Aussaat, ab 20 °C im Beet, auch mehrjährig im Kübel mit heller Überwinterung bei 10 °C |
| **Rosenkelch** *Rhodochiton atrasanguinea* | Blattstielranker, schwach (1 – 3 m) | purpur (7 – 9) | sonnig bis halbschattig; Vorkultur, im Beet ab 20 °C, Überwinterung im Kübel bei 8 °C, hell |

## Einjährige Kletterpflanzen für Garten und Balkon

| **Deutscher Name** *Botanischer Name* | **Kletterweise, Wuchsstärke (Wuchshöhe)** | **Blütenfarbe (Blühmonate)** | **Standort, Kultur, Bemerkungen** |
|---|---|---|---|
| **Schwarzäugige Susanne** *Thunbergia alata* in Sorten | Schlinger, muss angebunden werden, mittel (1 – 2 m) | weiß, gelb, orange (6 – 10) | sonnig bis halbschattig; Vorkultur, durchlässige, nährstoffreiche Erde; lange Triebe kürzen, Schnitt fördert Verzweigung und Blüte |
| **Kapuzinerkresse** *Tropaeolum majus* in rankenden Sorten | Blattstielranker, stark (2 – 4 m) | gelb, orange, rot, weiß (6 – 10) | sonnig bis halbschattig; Vorkultur oder Aussaat; Blüten und Blätter essbar |

**Tipp** *Einjährige Kletterpflanzen kann man aus Samen einfach in der Wohnung vorziehen. Je früher man damit beginnt, desto größer wird die Kletterpflanze im Sommer, blüht üppiger und bildet gegebenenfalls Früchte. Wer genügend Platz hat, kann auch essbare Früchte von kletternden Bohnen, Gurken und Zucchini aus einem Kübel oder Hochbeet mit Rankgerüst ernten.*

# Kletterpflanzen als Biotope für Tiere

Kletterpflanzen am Haus und im Garten bieten den verschiedensten Tierarten Lebensräume und Nahrung. Wie bei den meisten Blütenpflanzen mit auffälligen Blüten sorgen auch bei den Kletterpflanzen bestimmte Insektenarten durch Bestäubung für die Vermehrung. Eine wichtige Voraussetzung dafür ist, dass die Blüten nicht nur optisch überzeugen, sondern auch Nektar oder Pollen bieten, um die Insekten anzulocken. Sterile, meist gefüllte Blüten vieler Sorten bieten das nicht, da hier (fast) alle Staubblätter in Blütenblätter umgewandelt sind. Sie locken die Tiere zwar an, doch suchen die Insekten hier vergebens nach Pollen und/oder Nektar. Eine weitere Voraussetzung für die Insekten ist, dass ihre Saugrüssel oder Beißwerkzeuge an die Blütenform angepasst sind. Bei heimischen Blütenpflanzen gibt es eine Jahrtausende bis Jahrmillionen währende Koevolution zwischen Blütenpflanzen und Insekten. An viele neuerdings hier verwendete exotische Pflanzen konnten sich die hier lebenden Insekten meist noch nicht anpassen und die Pflanzen scheiden deshalb als Nahrungsangebot aus. Es gibt aber auch nichtheimische Arten und sterile Sorten von (Kletter-)Pflanzen, die Pollen oder Nektar bieten und einigen bei uns lebenden Insektenarten Nahrung bilden (z. B. Clematis-Arten und -Hybriden), auch wenn sie dabei nicht bestäubt werden.

Fertile, bestäubte Blüten bilden oftmals Früchte, die in unseren Breiten meist von Vögeln, aber auch von Kleinsäugern verspeist werden. Der Samen wird dann nach einigen Stunden andernorts wieder ausgeschieden, sodass die Tiere für die Verbreitung der Pflanzen sorgen. Auch diese Symbiose existiert schon Millionen von Jahren und hat bei vielen Pflanzenarten zu auffällig rot leuchtenden Früchten geführt, die von Vögeln gut gesehen werden.

Blattläuse, Blattwanzen und Schmetterlingsraupen saugen den Pflanzensaft oder essen von den Blättern der Pflanzen, ohne eine Gegenleistung zu bieten. Doch ihre Feinde, wie z. B. der Marienkäfer und viele Vögel, profitieren vom Insektenangebot. Die Blätter heimischer Arten dienen Schmetterlingsraupen als Futterpflanze. Kletterhilfen und dichtes Laub bieten Verstecke für Vogelnester. Und nicht zuletzt profitieren auch wir von der Bestäubung durch viele Schwebfliegen, Wildbienen und Hummeln, wenn wir im Sommer unser Spalierobst und im Herbst eigene Kiwis oder Weinbeeren ernten.

Ein weiterer Lebensraum entsteht am Fuß der Kletterpflanze, wo das Nahrungsangebot in Form von Asseln, Tausendfüßern und Regenwürmern unter der Mulchdecke zahlreiche Vögel anlockt, aber auch von Kleinsäugern wie Spitzmäusen und Igeln aufgesucht wird. Bepflanzt man den Fußpunkt von Klettergehölzen mit heimischen Stauden, werden von den Blüten weitere Insektenarten und ihre Fressfeinde angelockt. Lässt man das Falllaub dort liegen und die abgestorbenen Halme im Winter stehen, können hier viele nützliche Insekten überwintern und es spritzt auch keine Erde an die Fassade, wenn es regnet.

Für die meisten Tiere im Garten ist ein begrüntes Gebäude oder Objekt im Garten nichts anderes als ein Baum oder Strauch. So wird man die gleichen Tierarten in Kletterpflanzen finden wie in der Hecke oder dem Baum. An Fassaden herrschen jedoch etwas andere Bedingungen als am Garten, denn hier ist es meist wärmer und trockener. Außerdem wagt sich der eine oder andere Fressfeind oder Nesträuber nicht so nah ans Haus, sodass beispielsweise Singvögel hier beim Brüten gut geschützt sind. Aber auch viele wärmeliebende Insekten schätzen das besondere Mikroklima an sonnigen Fassaden und Mauern, was wiederum Vögel und Fledermäuse anlockt.

*Igel laufen gerne an Hecken, begrünten Zäunen und Mauern entlang, wo sie im feuchten Laub nach Würmern, Asseln, Schnecken, Insekten, aber auch herabgefallenen Beeren suchen.*

Absender/in:

.....................................................

.....................................................

.....................................................

.....................................................

.....................................................

Bitte ausreichend frankieren!

**Antwort**

**pala-verlag**

**Postfach 11 11 22**

**64226 Darmstadt**

## Einige Kletter- und Spaliergehölze und ihre Bedeutung für Tiere

| **Deutscher Name** *Botanischer Name* | **Standort** | **Nahrung für Tiere** | **Bemerkungen** |
|---|---|---|---|
| **Waldrebe** *Clematis montana, C. vitalba, C.-Hybriden* | sonnig bis halbschattig | Insektenweide für Pollensammler, Blätter sind Futter für Spannerraupen | Vogelnester in gitterförmigen Kletterhilfen |
| **Efeu** *Hedera helix* | sonnig bis schattig | Insektenweide, Beeren sind Vogelfutter | Vogelnester |
| **Hopfen** *Humulus lupulus* | halbschattig | Bienenweide, Futterpflanze für Schmetterlinge (Hopfenspinner, C-Falter) | ausdauernde Staude |
| **Kletter-Hortensie** *Hydrangea petiolaris* | halbschattig | Insektenweide, Beeren als Vogelfutter | Vogelnester |
| **Geißblatt** *Lonicerum* in Arten und Sorten | sonnig bis halbschattig | Schwebfliegen-, Hummel- und Schmetterlingsweide, Blätter für Schmetterlingsraupen (Kleiner Eisvogel), Beeren als Vogelfutter | Vogelnester in gitterförmigen Kletterhilfen |
| **Apfel** *Malus domestica* | sonnig | Insektenweide, Fallobst für Falter, Wespen, Vögel und Kleinsäuger | Vogelnester im Spalier |
| **Jungfernrebe (Wilder Wein)** *Parthenocissus* in Arten und Sorten | sonnig bis halbschattig | Bienen- und Wespenweide, Laubheuschrecken | Vogelnester |
| **Sauerkirsche** *Prunus cerasus* | sonnig | Insektenweide, Vogelfutter | Vogelnester im Spalier |
| **Birne** *Pyrus communis* | sonnig | Insektenweide, Fallobst für Falter, Wespen, Vögel, Kleinsäuger | Vogelnester im Spalier |
| **Kletter-Rosen** *Rosa* in Arten und Sorten | sonnig bis halbschattig | Bienenweide, Hagebutten als Futter für Vögel und Kleinsäuger | Vogelnester |
| **Weinrebe** *Vitis vinifera* | sonnig | Nahrung für Vögel, überreife Beeren auch für Falter und Wespen | Vogelnester im Spalier |

## Kletterpflanzen und Insekten

Viele selten gewordene Insekten profitieren von einer Fassadenbegrünung. Das Nektarangebot lockt harmlose Wildbienen, Hummeln und Schmetterlinge in den Garten. Die eiweißreichen Pollen werden an die Insektenlarven verfüttert, aber auch einige erwachsene Käfer fressen davon und tragen so zur Bestäubung bei. Besonders wertvoll sind Pflanzenarten und deren Sorten, die im zeitigen Frühjahr oder späten Sommer blühen, wenn das Blütenangebot in der Umgebung gering geworden ist. Aber auch das Blattwerk ist für viele Insekten interessant. Von saugenden Blattläusen ernähren sich wiederum viel räuberische Insektenlarven wie die von Florfliegen und Marienkäfern.

Da kaum jemand einzelne Insektenarten bestimmen kann, sollen im Folgenden diejenigen Kletterpflanzen vorgestellt werden, deren Wert für Insekten bereits bekannt ist. Dabei beziehe ich mich vor allem auf die Beobachtungen von Helmut Hintermeier, einem pensionierten Biologielehrer, Imker und hervorragenden Insektenkenner, der die Beziehungen zwischen Blütenpflanzen und Insekten in mehreren sehr lesenswerten Bildbänden dokumentiert hat (siehe Literaturtipp auf Seite 176).

**Tipp** *Auch die vielen züchterisch veränderten Sorten heimischer Kletterpflanzen, ihre Hybriden und sogar einige exotische Arten bieten Pollen und Nektar für unsere Insekten, sodass man bei Kletterpflanzen auch nichtheimische Arten verwenden kann.*

**Waldreben *(Clematis vitalba, C. montana, C.-Hybriden)***
Alle Clematis-Arten und -Hybriden besitzen Blüten, die lediglich Pollen und keinen Nektar bieten. So finden sich hier nur pollensammelnde Käfer, Fliegen, Honigbienen und einige Wildbienenarten (z. B. Sandbienen und die Furchenbienen) ein. Wild- und Honigbienen verwenden den eiweißreichen Pollen für die Aufzucht ihrer Jungen.

Schmetterlinge kann man an nektarlosen Blüten nicht erwarten, doch die Blätter der Waldreben dienen zahlreichen Falterraupen als

Nahrung, darunter vielen Spanner-Arten. Die Gattung der Waldrebenspanner *(Horisme)* ist sogar im deutschen Namen nach der Futterpflanze benannt, doch auch die Raupen anderer Spanner-Gattungen fressen an den Blättern der Clematis. Die Raupe des seltenen Fensterfleckchens *(Thyris fenestrella)* versteckt sich in eingerollten Clematisblättern und verpuppt sich in einem Gespinst auf der Pflanze.

**Glyzinen oder Blauregen *(Wisteria)***

Die traubenförmigen, nektarreichen Blütenstände des Schmetterlingsblütlers werden von vielen Insekten, meist Hummeln und Bienen, besucht. Darunter sind auch seltene Arten wie die Blaue Holzbiene *(Xylocopa violacea)* zu finden. An den attraktiven, meist zweimal im Jahr blühenden Arten aus Amerika bzw. Asien haben nicht nur die Menschen in Europa, sondern auch viele Insektenarten, die durch die Klimaerwärmung immer weiter nach Norden vordringen, Gefallen gefunden. Da auch die jungen Blätter an der Unterseite Nektar ausscheiden, naschen auch Ameisen, Skorpionsfliegen und andere Insekten davon.

**Geißblatt *(Lonicera)***

Von dieser Gattung sind nur die Arten Jelängerjelieber *(L. caprifolium)* und Wald-Geißblatt *(L. periclymenum)* heimisch. Aber auch die Blüten der Sorten und die des nichtheimischen Immergrünen Geißblatts *(L. henryi)* werden von vielen Falterarten besucht. Sie bieten viel Nektar, der aber nur für Insekten mit langen Rüsseln wie Schmetterlinge direkt erreichbar ist. Einige Hummeln beißen sich jedoch einfach durch den Sporn der Blüte zum Nektar durch und sind daher auch häufig zu Gast. Jelängerjelieber duftet abends auch für Menschen sehr angenehm süß und lockt nachtaktive Eulenfalter und Schwärmer an, was wiederum die Fledermäuse freut (siehe dazu auch Seite 111).

**Efeu *(Hedera helix)***

Von September bis November, wenn der Sommer schon lange und der Herbst fast vorüber ist, hat der Efeu seinen großen Auftritt. Ab einem Alter von etwa 10 Jahren hört er auf zu klettern und bildet herzförmige, glänzende Blätter und doldenförmige Blütenstände mit vielen kleinen gelbgrünen Einzelblüten. Besonders an sonnigen Tagen ist dann das Summen und Brummen kaum zu überhören. Rund 70 Insektenarten fliegen die Efeublüten an. Zu den häufigen Gästen zählen Honigbienen, die Efeu-Seidenbiene *(Colletes hederae)*, die Deutsche Wespe *(Vespula germanica)* und die Feuer-Goldwespe *(Chrysis ignita)*. Aber auch Wildbienen, Hummeln, Schwebfliegen und Schmetterlinge oder Marienkäfer zählen zu den Blütenbesuchern.

Bei den Schmetterlingen fallen vor allem der orangerot gemusterte Admiral *(Vanessa atalanta)* und der dezenter gefärbte Distelfalter *(Vanessa cardui)* auf. Diese Wanderfalter stärken sich noch einmal für ihre Reise in wärmere Gefilde am Efeunektar. Doch auch der Pollen ist bei Insekten beliebt, so bei der Efeu-Seidenbiene, deren Nachwuchs einzig und allein mit Efeupollen versorgt wird.

Aus den bestäubten Blüten entwickeln sich von Januar bis April kleine blauschwarze Beeren, die bei Vögeln sehr begehrt sind (mehr dazu auf Seite 104). Doch auch die jungen Efeublätter finden ihre »Abnehmer«. So fressen die Raupen von 27 Schmetterlingsarten, 16 Käferarten und 28 weiteren Insektenarten am saftigen Laub, das ebenso wie die Beeren für uns Menschen ziemlich giftig ist.

### Jungfernrebe oder Wilder Wein *(Parthenocissus)*

Die Fünflappige Jungfernrebe *(Parthenocissus quinquefolia)*, auch Mauerwein genannt, ist ein Neubürger, der im 17. Jahrhundert aus Nordamerika zu uns kam. Inzwischen gehört sie zur heimischen Pflanzenwelt. Sie verbreitet sich selbstständig und hat sich in vielen Auwäldern Mitteleuropas etabliert. In manchen Gegenden, vor allem in der Schweiz, steht sie aber auch als invasiver Neophyt in der Kritik. Da man den Kletterer nicht wieder loswird, sollten wir ihn als Neubürger einfach akzeptieren, zumal die kleinen, unscheinbaren Blüten zahlreiche Schwebfliegen- und Bienenarten anlocken. Sie spenden Nektar, aber auch reichlich Pollen, der sich im Honig von Honigbienen in Städten nachweisen lässt.

Die Beeren reifen bei uns nicht aus, werden aber dennoch gerne von vielen Vögeln verspeist.

Ganz ähnlich verhält es sich mit der asiatischen Art Dreilappige Jungfernrebe *(Parthenocissus tricuspidata)*, die in Japan, China und Korea heimisch ist. Bei uns hat sie sich schon lange etabliert und wird ebenso wie die amerikanische Art auch in Europa von Insekten und Vögeln genutzt.

**Kapuzinerkresse *(Trapeolum majus)***
Auch die Kapuzinerkresse, eine beliebte, attraktive und schmackhafte Pflanze, ist eine »Ausländerin«, die 1684 aus Südamerika bei uns eingeführt wurde. Die großen Blüten mit langem Sporn werden in ihrer ursprünglichen Heimat von Kolibris besucht. Nur das Taubenschwänzchen, eine wandernde Schwärmer-Art, hat einen ausreichend langen Rüssel und saugt den Nektar nach Art der Kolibris im Schwirrflug. Langrüsselige Hummeln wie die Gartenhummel kommen nicht auf dem üblichen Weg an den Nektar, doch sie können den Blütensporn aufbeißen und gelangen so »von hinten« an die Nahrungsquelle. Andere Hummel- und Bienenarten bedienen sich gerne an dem ebenfalls reichlich vorhandenen Pollen.

**Weiße und Rotbeerige Zaunrübe (*Bryonia alba* und *Bryonia dioica)***
Auf diese als Zier- und Arzneipflanzen bei uns eingebürgerten Kletterpflanzen hat sich die Sandbiene *(Andrena florea)* spezialisiert. Die Männchen nutzen sie als Nektarquelle und verteidigen ihre Pflanze gegen Konkurrenz. Die Weibchen sammeln den Pollen beider Arten als Nahrung für die Larven in den Brutzellen. Aber auch Honigbienen sammeln die Pollen und zahlreiche Grab-, Sand- und Lehmwespen saugen den Nektar der hübschen weißen Blüten. Die Pflanzen sind für Menschen in allen Teilen giftig und wurden früher als Heilpflanzen genutzt.

**Kletter-Rosen und Kleinstrauch-Rosen**
Alle nicht oder halb gefüllten Rosen bieten eine Menge Pollen, der besonders Honigbienen, Hummeln und Schwebfliegen anzieht. Aber auch viele Käfer, darunter auch der Ohrwurm, laben sich am eiweißreichen Pollen und sichern so die Bestäubung der Blüten. Nektar wird von

Rosenblüten nicht bzw. nur in wenigen Ausnahmen, gebildet. Der Duft vieler Arten und Sorten geht meist von den Blütenblättern aus.

Die Blätter der Rosen spielen eine wichtige Rolle für die Ernährung vieler Kleinschmetterlingsraupen und Käfer, aber auch für saugende Blattläuse und Blattwanzen sowie für die Gallenbildung vieler Blattwespenarten. Insgesamt 115 Insektenarten sollen vom Laub profitieren und dabei bis zu 80 Prozent der Blattmasse der Rosen fressen. Allerdings merken wir davon nichts, denn naturnahe Rosenarten und ihre Sorten ersetzen das Grün im Laufe einer Vegetationsperiode ohne Probleme. Ganz nebenbei werden auch die Insekten gefressen und ernähren dabei eine Vielzahl von Vogeljungen in der Umgebung.

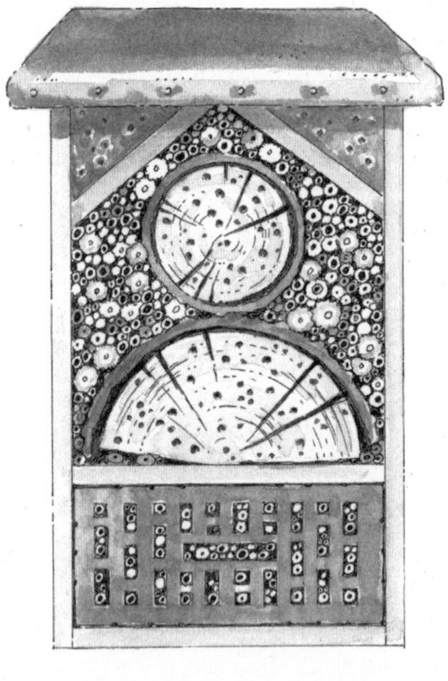

*Insektennisthilfen sind an begrünten Fassaden nutzlos, da sie schnell überwuchert werden. Sie müssen so an sonnigen Stellen hängen, dass freier Anflug für Wildbienen möglich ist. Am besten sucht man dafür eine Stelle an der Südfassade, die von einer Begrünung frei gehalten werden soll und wo man die Wildbienen beim Anfliegen der Bohrlöcher, Schilfhalme und Lehmziegel gut beobachten kann.*

# Kletterpflanzen und Spinnen

Auch achtbeiniges, vermeintliches »Ungeziefer« wie Spinnentiere erfüllen eine wichtige ökologische Funktion. Sie fressen viele Fliegen und Mücken, werden ihrerseits aber auch von Vögeln und Fledermäusen gefressen. Eng miteinander verwobene Nahrungsketten bewirken eine Selbstregulierung der Tierarten, solange der Mensch nicht eingreift und durch Bekämpfen einer Art (z. B. von Blattläusen durch Gift) das Gleichgewicht durcheinanderbringt. Spinnen sind wichtige Insektenjäger und helfen auch, lästige Stechmücken zu dezimieren. Die meisten leben im Verborgenen. Ins Haus lockt es im Herbst nur wenige Arten, wie z. B. die Kellerspinne *(Amaurobius ferox)*, die dort einen warmen Überwinterungsplatz vermutet. Sie krabbelt aber genauso an nackten Fassaden entlang und sucht dort nach Unterschlupf.

Die meisten Spinnenarten sind winzig und leben versteckt, sodass man sie kaum je zu Gesicht bekommt. Viele von ihnen bauen keine Netze, sondern erbeuten ihre Nahrung im Sprung, wie z. B. die meist sehr kleinen Springspinnen *(Salticidae)*. Lediglich einige größere Spinnenarten fallen auf, wenn sie im Fassadengrün ihre kunstvollen Netze bauen. Dabei bevorzugen sie besonders trockene Stellen unter dem Dachvorsprung, damit der Regen ihre Netze nicht zerstört. Überall dort, wo Fliegen vom Licht angezogen werden, findet man besonders viele Netze. Doch meist fallen diese an der begrünten Fassade erst auf, wenn sie schon alt und durch Staub verschmutzt sind. Wo Regen auf das Blattwerk der Kletterpflanzen trifft, werden die alten Spinnennetze meist abgewaschen.

**Tipp** *Man muss keine Angst haben, dass sich wegen einer Fassadenbegrünung mehr Spinnen in die Wohnung verirren. Das Innere von Wohnhäusern ist für die Tiere eine »Wüste« und wird nur mal versehentlich besucht. Durch gekippt geöffnete Fenstern können aber Insekten wie Fliegen oder Wildbienen nicht mehr ins Freie gelangen. Deshalb sind hier im Sommer Fliegengitter sinnvoll, zumal sie auch Stechmücken abhalten.*

## Kletterpflanzen und Eidechsen

In wärmeren Lagen, dort, wo Wein besonders gut gedeiht, kann eine begrünte, sonnige Fassade der Zauneidechse *(Lacerta agilis)* und in wenigen Gebieten auch der Mauereidechse *(Podarcis muralis)* als Lebensraum dienen. Kleine Nischen im Mauerwerk bieten Wohnmöglichkeiten und Platz für die Eiablage. Die Blätter der Kletterpflanzen dienen jeder Menge Insekten und Spinnentieren als Nahrung. Dazu muss die Fassade aber nach Süden gerichtet sein und sowohl offene Stellen zum Sonnen wie auch bewachsene Stellen und Nischen als Nachtverstecke und Schutzräume bieten. Kletterpflanzen mit Stacheln oder Dornen schützen die flinken Eidechsen zusätzlich vor Räubern wie Drosseln und Rabenvögeln. Frostfreie Verstecke zum Überwintern finden sie am Haussockel, wenn dieser traditionell als Trockenmauer aus unregelmäßigen Natursteinen mit Fugen ausgebildet ist. Wo das nicht der Fall ist, kann man eine an die Fassade angelehnte Trockenmauer aufschichten und von oben abdecken, damit kein Regen hinein läuft.

Im Garten können Trockenmauern mit langen, bis ins Erdreich verlaufenden Spalten passende Winterquartiere bieten. Eidechsen brauchen sonnige Stellen auf Steinen, wo sie sich morgens aufwärmen können. Sie sind dort allerdings stark gefährdet, besonders durch Katzen. Wenn man hier eine Drahthaube aus Kaninchendraht in einem Abstand von mindestens 20 Zentimetern zur Mauer anbringt, können sie sich darunter ungefährdet sonnen.

*Zauneidechsen freuen sich über das reiche Insektenangebot im Fassadengrün.*

Die **Mauereidechse** sonnt sich auch gerne senkrecht an der Wand hängend. Deshalb sind ihr einige besonnte, unbegrünte Fassadenteile sehr willkommen. Ihr natürliches Verbreitungsgebiet von Südeuropa bis Süddeutschland wird ergänzt von zahlreichen inselartigen Vorkommen an Weinbergen, Bahndämmen, trockenen Brachen in Städten und anderen Sekundärbiotopen. Sie bevorzugt Südost- und Südwestlagen, damit sie sich morgens und abends aufwärmen kann. Im Garten wird man die seltenen Tiere nur antreffen, wenn es in der Umgebung natürliche Vorkommen der Tiere gibt. Da sie streng geschützt sind, sollte man seine Beobachtungen auf dem eigenen Grundstück bzw. der Umgebung bei der Naturschutzbehörde oder dem örtlichen Naturschutzverband melden.

Die **Zauneidechse** besiedelt Magerbiotope wie trockene Waldränder, Bahndämme, Heideflächen, Dünen, Steinbrüche, Kiesgruben und ähnliche Lebensräume mit einem Wechsel aus offenen Abschnitten und dichter bewachsenen Bereichen. Ähnlich angelegte naturnahe Gärten mit Hecken, Wiesenstreifen, Totholz und Steinhaufen sowie sonnigen Stellen sind daher willkommene Ersatzlebensräume. In kühleren Gegenden Deutschlands beschränken sich die Vorkommen der Zauneidechse auf wärmebegünstigte Standorte, zu denen auch Siedlungen zählen. Im Garten profitiert die Zauneidechse vom reichen Insektenangebot im Fassadengrün und klettert auch geschickt im Spalier. Zu ihren natürlichen Feinden gehören viele Vögel wie Greifvögel, Rabenvögel, Stare und Amseln. Sie werden aber auch von Säugetieren wie Mardern, Füchsen und Igeln gejagt. Die Eier werden unter anderem von Maulwurfsgrillen und Laufkäfern gefressen. Eine besondere Bedrohung durch Hauskatzen wird oft erwähnt, doch die Verbreitungsschwerpunkte der Zauneidechse in Gebieten mit lockerer Wohnbebauung sprechen eher dagegen. Dennoch sollte man die zur Eiablage geeigneten sonnigen Stellen mit lockerem sandigen Boden mit einem Drahtgitter schützen. Hühner und Laufenten im Garten stellen dagegen eine große Bedrohung der Tiere und ihrer Gelege dar.

**Blindschleichen,** die nah mit den Eidechsen verwandt und keine Schlangen sind, lieben dagegen feuchtere und schattigere Verstecke unter Gehölzen und im Laub. Man kann sie im Sommer zu mehreren zusammengerollt unter flachen Steinen, Wasserschalen und Kübeln mit Bodenabstand finden. Frostfreie Verstecke in lockerer Erde und unter Laub dienen ihnen als Winterquartiere. Ein gut gemulchtes Beet für eine Kletterpflanze an Fassade oder Mauer ist ein idealer Platz für die beinlosen, flinken Eidechsenverwandten.

*Man sollte niemals versuchen, Blindschleichen in die Hand zu nehmen, denn sie missverstehen dies schnell als Angriff und werfen ihr Schwanzende ab. Das lange weiterzappelnde Glied soll Feinde ablenken, während die Blindschleiche ein Versteck aufsucht. Diesen Trick kann die Echse aber nur einmal in ihrem Leben anwenden.*

**Tipp** *Schlangen, die Verwandten der Eidechsen, muss in unseren Breiten niemand fürchten. Die seltene Äskulapnatter kommt zwar in wenigen Weinbergslagen vor und kann Mauern und Spaliere erklettern, aber sie wagt sich nicht in Menschennähe. Andere harmlose Schlangen wie die Ringelnatter klettern nicht an Pflanzen empor, sondern jagen bevorzugt am Ufer und im Wasser.*

# Kletterpflanzen und Vögel

Kletterpflanzen bieten zahlreiche Nistmöglichkeiten für Singvögel, die ihre Nester selbst bauen. Haussperling, Amsel und Rotkehlchen wagen sich auch in die Nähe des Menschen und bauen ihre Nester in begrünten Fassaden und dichten Hecken. Hier sind die Jungen vor Nesträubern gut geschützt, besonders vor Katzen und Rabenvögeln wie Elstern und Eichelhähern. Gitterförmige Kletterhilfen sind für die Verankerung der Nester besser geeignet als senkrechte Spanndrähte. Aber auch ältere, dicht verzweigte Selbstklimmer sind stabil genug für Vogelnester, sogar für relativ große und schwere wie die der Amsel.

Der Zaunkönig (siehe Abbildung) bevorzugt dichte Hecken, Gebüsche und Kletterpflanzen in Bodennähe. Seinen Namen hat er von begrünten Zäunen, wo er sich besonders gerne aufhält und seine laute Stimme ertönen lässt. Auch im Fassadengrün, das dicht bis zum Boden wächst, fühlt er sich wohl und baut hier seine zahlreichen kugelförmigen Nester, aus denen das Weibchen dann eines auswählen kann.

Im Herbst und Winter werden die Beeren von Efeu, Geißblatt, Rosen und anderen Kletterpflanzen interessant als Nahrung für zahlreiche Singvogelarten. Aber auch Vogelarten, die nicht im Fassadengrün brüten, kommen hierher, um die Insekten und Spinnen abzupflücken und an ihre Jungen zu verfüttern, wie z. B. Kohl-, Blau- und Sumpfmeisen. Sie sind es auch, die die ersten Blattläuse von den Blättern sammeln und an ihre frisch geschlüpften Jungen verfüttern. Wachsen diese heran, wird auch die Nahrung größer. Als Höhlenbrüter brauchen sie aber freien Anflug und so hängt man die Nistkästen für Meisen immer so auf, dass sie nicht von Kletterpflanzen verdeckt werden.

Statt einer Aufzählung aller Vögel werden im Folgenden diejenigen Kletterpflanzen vorgestellt, die bei Vögeln besonders beliebt sind, sei es als Futterspender oder Nistplatz.

**Tipp** *Es gibt aber auch Vogelarten, die als ursprüngliche Felsenbrüter gerne in Nischen nackter Hausfassaden brüten. Rotschwänzchen, Schwalben und Mauersegler sehen nur in kahlen Fassaden geeignete »Brutfelsen«. Eine Begrünung hält sie ab, da sie hier instinktiv kletternde Nesträuber wie Eichhörnchen, Bilche und Marder fürchten.*

**Efeu (*Hedera helix*)**
Efeu blüht erst mit etwa 10 Jahren an Trieben, die herzförmige Blätter gebildet haben. Die erst im Jahr nach der Blüte reifenden Beeren sind bei etwa 15 Singvogelarten sehr beliebt, z. B. bei Amsel, Misteldrossel, Rotkehlchen, Gartenrotschwanz, Star, Sprosser- und Grasmückenarten (die Jungtiere werden aber ausschließlich mit Würmern, Insekten und Spinnen gefüttert!). Ein dichter Efeu bietet den Vögeln auch einen guten Schlaf- und Nistplatz, z. B. in Bodennähe für den Zaunkönig und weiter oben für Amsel, Zilpzalp und Rotkehlchen.

**Jungfernrebe oder Wilder Wein *(Parthenocissus)***
Obwohl aus Japan oder Nordamerika stammend, sind die Beeren dieser Gattung bei etwa 20 Vogelarten beliebt. Aber auch die zahlreichen Laubheuschrecken und andere Insekten auf den Blättern dienen vielen Vogelarten als Futter für die Jungenaufzucht.

**Geißblatt *(Lonicera)***
Die roten oder schwarzen Beeren aller Arten, auch der nichtheimischen, werden im Winter gerne von Vögeln gefressen. An den oftmals empfohlenen senkrechten Spanndrähten können sich allerdings nur wenige kleine Vogelarten festhalten, um an die Beeren zu kommen. Gitterförmige Kletterhilfen geben auch größeren Vögeln wie Amseln und Singdrosseln ausreichend Halt. Hier können sie auch Nester bauen, wenn das Geißblatt ausreichend dicht verzweigt ist.

Besonders naturnah sind Geißblatt-Arten, wenn sie über Zäune und Totholzhaufen wuchern. Hier können die Beeren besser von Vögeln und Kleinsäugern geerntet werden als an der Fassade. Auch in alten Bäumen und großen Büschen können Geißblätter leicht ohne künstliche Kletterhilfe wachsen.

**Kletter-Rosen und Kleinstrauch-Rosen**
Ungefüllte und halb gefüllte Blüten bieten reichlich Pollen und werden von vielen Insektenarten besucht. Schneidet man sie nach der Welke nicht ab, dienen die reifen Hagebutten in Herbst und Winter als Nahrung für viele Vögel. Alleine an den roten Früchten der Heckenrosen laben sich 27 heimische Vogelarten, darunter so bekannte wie der Star, der Grünfink und das Rotkehlchen. Kein Wunder, denn das Fruchtfleisch der Hagebutten ist vollgepackt mit Vitaminen. Das wissen auch viele Kleinsäuger zu schätzen, wie z. B. die Haselmaus.

Alle heimischen Rosen sowie deren Sorten, aber auch alle Hybriden, zu denen die meisten Kletter-Rosen gehören, bilden Hagebutten. Voraussetzung ist immer eine fertile Blüte, das heißt eine ungefüllte mit 5 oder eine halb gefüllte mit 10 Blütenblättern und vielen Staubblättern. Gefüllte Blüten ohne Staubblätter sind dagegen steril, bieten Insekten keinen Pollen und bilden keine Früchte. Wie viele Hagebutten an einer Kletter-Rose wachsen, hängt von Reichhaltigkeit und Zeitpunkt der Blüte und damit der Bestäubung durch Insekten ab. Je besser der Standort zur Pflanze passt, desto reichhaltiger sind Blüte und Fruchtbehang.

Bei den Hagebutten fressenden Vögeln unterscheidet man zwischen Fruchtschluckern und Samenfressern. Zu den ersteren gehören die meisten Vögel, die ganze Hagebutten herunterschlucken. (Deshalb sind kleine Hagebutten wesentlich wertvoller als große, wie sie z. B. die ostasiatische, bei uns eingebürgerte Kartoffel-Rose bildet, die kein heimischer Vogel ganz herunterschlucken kann.) Das Fruchtfleisch wird dann in Magen und Darm verdaut und die Samen unverdaut an anderer Stelle wieder ausgeschieden. So tragen Vögel ganz wesentlich zur Verbreitung der Rosen bei.

Die wenigen spezialisierten Samenfresser wie der Grünfink und der Kernbeißer hacken dagegen die Hagebutten auf, um nur an die energiereichen Samen zu gelangen, die sie verdauen können. Da sie jedoch die Hagebutten wegtragen und an anderer Stelle aufhacken, wobei viele Samen verstreut werden, tragen auch sie zur Verbreitung bei. Da alle Vögel Farben sehen und besonders auf die rote Fruchtfarbe reagieren, sind reife Hagebutten fast immer orangerot, rot oder braunrot gefärbt und so auch für das Menschenauge attraktiv. Je nach Art und Sorte der Rose gibt es auch orangefarbene und sogar fast schwarze Hagebutten, die ab September sehr dekorativ in Büscheln an der Pflanze hängen.

Auch viele Säugetiere lassen sich die Früchte und Samen schmecken, so die Gelbhals- und Rötelmäuse, Garten- und Siebenschläfer, Stein- und Baummarder, Fuchs und Waschbär (siehe Seite 109).

**Wein *(Vitis vinifera)***

Die Weinbeeren (Trauben) werden im Herbst gerne von Drosseln, Staren und Rotkehlchen verspeist. Allerdings sind die Stare an der Hauswand nicht ganz so frech wie im Weinberg. Überreife Weinbeeren locken auch Wespen und manche Falter an, die sich hier für die Überwinterung stärken. Falls man seine Weinbeeren vor Vögeln mit Netzen schützen möchte, müssen diese so über das Spalier gezogen werden, dass keine Vögel von oben, den Seiten oder dem Boden hinter das Netz geraten können. Die Tiere finden dann nämlich nicht mehr hinaus und gehen elend zugrunde. Die Netze müssen täglich kontrolliert werden.

**Spalierobst**

Apfel-, Birnen- und Kirschblüten sind wichtige Bienenweiden. Doch nicht nur die Honigbienen profitieren, auch viele Hummel- und Wildbienenarten schätzen das Nektar- und Pollenangebot und befruchten die Blüten. Erst danach kann der Gärtner auf reiche Ernte hoffen. Der Saft überreifer Birnen wird gerne von Wespen und manchen Schmetterlingen getrunken. Übrig gebliebene Äpfel und Kirschen sind ein beliebtes Vogelfutter. Wer die Früchte bis zur Ernte schützen möchte, kann vor dem Spalier ein Netz anbringen. Das darf aber erst nach der Brutzeit aufgehängt werden und muss am Boden und seitlich Ausstiegmöglichkeiten für im Spalier versteckte Tiere bieten. Denn in den Spalieren brüten auch gerne Vögel (wobei der Zaunkönig durch die Maschen der meisten Netze schlüpfen kann).

Wer Fledermäuse anfliegen sieht, sollte bei Spalierobst und Weinbeeren auf das Netz verzichten, damit sich die seltenen und streng geschützten Tierchen nicht darin verfangen und verletzen. Sie können ein Netz nicht per Ultraschall orten.

## Kletterpflanzen schützen vor Spechtlöchern

In Neubaugebieten, wo große Bäume selten sind, kommt es immer mal wieder vor, dass junge Männchen des Buntspechtes in gedämmte Hausfassaden hacken. Der raue, griffige Putz ähnelt der Borke von Bäumen und der Hohlraum hinter der Dämmung ist ein guter Resonanzkörper, um Weibchen auf sich aufmerksam zu machen und den Revieranspruch zu vermelden. Denn alle Specht-Arten markieren ihr Revier durch lautes Klopfen an vorwiegend morschen Bäumen. Hier hacken sie dann auch ihre Bruthöhlen hinein, die nach der Jungenaufzucht von vielen anderen Höhlenbrütern und kleinen Säugetieren als Brutplatz, Versteck oder Winterquartier genutzt werden. Der heimische Buntspecht lebt nicht nur im Wald, er hat auch Parks und Siedlungen mit großen Bäumen als Lebensraum entdeckt.

Hat ein Specht an Ihrer Fassade Gefallen gefunden, sollten Sie sofort reagieren und ihn vertreiben. Ersatzbruthöhlen nimmt er nicht an, denn er möchte seine Bruthöhle selbst zimmern und damit seine potentielle Partnerin beeindrucken. Spechtlöcher an Fassaden sollten sofort ausgebessert werden, damit keine Feuchtigkeit in das Dämmmaterial gelangt. Dazu wird das Loch sauber ausgeschnitten und mit einem passenden Stück Dämmstoff ausgefüllt. Putzt man es anschließend zu, ist der Schaden nicht mehr sichtbar. In der Brutzeit, zwischen April und August, dürfen genutzte Höhlen laut Naturschutzgesetz jedoch nicht verschlossen werden! Das gilt ebenso außerhalb der Brutzeit, wenn sich andere Tiere wie Fledermaus, Siebenschläfer oder Hornissen eingenistet haben.

Was hilft? Ein begrüntes Rankgitter ist der beste Fassadenschutz, denn Spechte brauchen freien Anflug und Rundumsicht beim Zimmern. Rankgitter, Spanndrähte und Seile helfen bereits, wenn die Kletterpflanzen noch nicht an ihnen emporgewachsen sind. Dort, wo keine Begrünung erwünscht ist, sollte man sich für einen glatten Putz von mindestens 3 Millimeter Stärke auf einer Gewebearmierung entscheiden, der auch anderen mechanischen Belastungen besser standhält.

# Kletterpflanzen und Säugetiere

Kletterpflanzen im Garten werden von Kleinsäugern und Fledermäusen ebenso genutzt wie Bäume und Sträucher. Ein begrünter Schuppen mit kleinen Öffnungen kann daher vielen Tieren Unterschlupf bieten – wie ein alter Baum oder ein bewachsener Felsen mit Höhlen und Spalten. Im Winter nicht genutzt, kann er sogar zum ungestörten Winterquartier werden, wenn man einige Ecken entsprechend ausgestaltet und in Ruhe lässt.

Kletterpflanzen am Wohnhaus werden von einigen Säugetieren ebenfalls begrüßt, sei es als direkter oder als indirekter Nahrungslieferant, als sicheres Tagesversteck oder als Aufstiegshilfe zum Dach. Dass die Tiere zum Fenster hereinkommen, muss man aber nicht fürchten, denn das Innere von Wohnhäusern ist kein attraktives Terrain für Tiere (allenfalls ein wenig genutzter Dachboden kann für sie von Interesse sein).

Direkte Nahrungsquellen sind die Beeren der Kletterpflanzen für Kleinsäuger wie Bilche. Indirekte Nahrungsquellen sind die vielen Insekten und Spinnen, die sich auf dem Laub der Kletterpflanzen tummeln und besonders Fledermäusen als Nahrung dienen.

Als Verstecke eignen sich nur Kletterpflanzen mit dichtem Laub und wirren Zweigen, die auch als Leiter zum Dach dienen können. Aber auch die Klettergerüste können so genutzt werden, wenn die Tiere sie vom Boden aus erreichen können. Problematisch kann es werden, wenn Gartenschläfer, Steinmarder oder Waschbär die Begrünung bzw. Kletterhilfe als Aufstieg zum Dach nutzen und über ein Schlupfloch auf den Dachboden gelangen. Das kann ihnen aber auch ohne Begrünung gelingen und kann durch sorgfältiges Abdichten des Dachbodens verhindert werden.

*Gartenschläfer verlassen erst in der Dämmerung ihre Schlafhöhlen und begeben sich auf Futtersuche.*

**Bilche** oder **Schläfer** *(Gliridae)*, wie die Tierfamilie auch genannt wird, haben ein dichtes, weiches Fell, sind je nach Art maus- bis eichhörnchengroß und tragen einen behaarten Schwanz. Ihre großen, schwarzen Augen weisen auf ihr nachtaktives Leben hin. Sie machen meist in Erdhöhlen ausgedehnten, mehrere Monate dauernden Winterschlaf, oft auch zu mehreren aneinandergekuschelt. Ihre Jungen ziehen sie in Baumhöhlen und passenden Ersatzlebensräumen wie Nistkästen, Dachböden und Schuppen groß. Bilche ernähren sich von Samen, Nüssen, Eicheln, Früchten, zarten Pflanzentrieben und Kleintieren. Sie sind gute Kletterer und essen gerne die Beeren von Kletterpflanzen, besonders Hagebutten, aber auch Spalierobst.

Der kleinste unserer heimischen Bilche ist die **Haselmaus** *(Muscardinus avellanarius),* die sich ebenfalls gerne in Nistkästen zurückzieht. Aber auch in Gartenschuppen findet man ihre kugelförmigen, gepolsterten Nester, z. B. in Blumentöpfen, Schürzentaschen und zwischen Gerätschaften. Ansonsten baut sie kugelförmige Nester in dichtem Geäst von Sträuchern und Kletterpflanzen, kunstvoll geflochten aus langen Halmen, die sie mit Laub und Moos auspolstert.

Der **Gartenschläfer** *(Elyomis quercinus)* liebt wie sein etwas größerer Verwandter, der **Siebenschläfer** (*Glis glis)*, verwilderte Gärten, Felsspalten, Schlupflöcher in Steinhaufen, ruhige Schuppen und Dachböden. Nistkästen (für Stare) werden eher vom Siebenschläfer bezogen und mit Moos ausgepolstert. Beide Arten sind vorwiegend nachtaktiv und machen, besonders in der Paarungszeit, viel Lärm. Kletterpflanzen werden gerne als Aufstiegshilfen genutzt, wenn so ein ungenutzter Dachboden erreicht werden kann. Die Tiere können aber auch Schlupflöcher zwischen Dachboden und Dämmung erreichen und sich dort einnisten. So mancher vermeintliche Marder im Dach hat sich beim Ausräumen als deutlich kleinerer Gartenschläfer entpuppt. Daher ist es ratsam, Kletterhilfen so anzubringen, dass die Tiere nicht mit einem Sprung auf das Dach gelangen können. Selbstklimmer sollten sowieso weit genug unter dem Dach enden, damit sie keine Dachziegel anheben können. Beide Schläferarten essen gerne Beeren und Hagebutten, aber auch Insekten, Vogeleier und -junge, die in der Fassadenbegrünung versteckt sind.

**Steinmarder** *(Martes foina)* sind keine gern gesehenen Gäste, weil sie gerne an Autokabeln nagen. Allerdings sind sie auch für den Menschen nützliche Mäuse- und Rattenjäger. Als nachtaktive Felsbewohner lieben sie Dachböden, um den Tag zu verschlafen. Klettergerüste und -pflanzen sind beliebte Aufstiegshilfen, wenn sie von dort aus einen Sprung aufs Dach ermöglichen. Allerdings sind an oder über das Dach reichende Äste von Bäumen noch einfacher zu erklimmen. Man kann die im Fassadengrün versteckten Nester mit Eiern und Jungvögeln, aber auch schlafende Vögel und Fledermäuse vor geschickten Kletterern wie dem Marder (und den Schläfern) kaum schützen. Je größer die Entfernung der Kletterhilfe vom Boden, desto schwieriger wird der Aufstieg. Doch auch die Kletterpflanze selbst kann in den meisten Fällen als Aufstiegshilfe genutzt werden. Lediglich schwache Triebe von Schlingern an glatten Spanndrähten können von Mardern nicht erklettert werden.

### Unerwünschte Gäste

Klettergerüste und Kletterpflanzen sind auch Aufstiegshilfen für Waschbären. Doch deswegen muss man sie nicht beseitigen, sondern kann durch bauliche Änderungen den Aufstieg erschweren. Passende Abwehrmaßnahmen kennen Wildtier-Spezialisten und Kammerjäger aus schon lange von Waschbären besiedelten Gebieten (z. B. Nordhessen).

Waschbären und auch Hauskatzen kann man ganz gut mit Blechen und speziellen Katzenabwehrgürteln am Aufsteigen am Klettergerüst (und an Bäumen) hindern. Spanndrähte und Selbstklimmer können von ihnen nicht erklettert werden, da die Tiere dafür zu schwer sind. Beide Tierarten angeln aber gerne mit den Vorderfüßen nach ihrer Beute, allerdings lernen das auch die meisten Vögel und nisten nicht an gefährdeten Stellen. Das Fressen und Gefressenwerden ist bei Wildtieren außerdem ein ganz natürlicher Vorgang und sollte daher niemals aus falsch verstandener Tierliebe ganz unterbunden werden.

*Ein mit Duft-Geißblatt begrüntes Gartenhaus lockt abends viele Falter an und bietet so Fledermäusen im Sommer Nahrung. Ein alter ungenutzter Schuppen kann den Tieren sogar als Sommerquartier, Wochenstube oder Winterquartier dienen.*

**Fledermäuse** *(Chiroptera)* profitieren von den Insekten, die sich auf den Kletterpflanzen niederlassen. Dies sind nicht nur Nachtfalter, die z. B. vom abends duftenden Duft-Geißblatt *(Lonicera caprifolium)* angelockt werden. Auch Tagfalter ruhen hier und deren Raupen und einige Käferarten fressen hier bei Nacht. Mehrere Arten von Laubheuschrecken sitzen gerne auf den Blättern der Wandbegrünung, denn hier ist es wärmer als in der Hecke. Durch ihr abendliches Zirpen werden Fledermäuse angelockt. Auch Spinnen wissen das südlichere Mikroklima an der Hauswand zu schätzen. So finden Fledermaus-Arten, die ihre Beute vom Laub sammeln, im Fassadengrün einen reich gedeckten Tisch und halten ganz nebenbei den Garten auch von unerwünschten Stechmücken frei.

Besonders fledermausfreundlich sind Efeu und Jungfernrebe. Hinter älteren, dichten Begrünungen können sich Arten wie Langohren

*(Plecotus)*, Zwergfledermaus *(Pipistrellus pipistrellus)* und Rauhautfledermaus *(Pipistrellus nathusii)* verstecken, denn die dichten, verflochtenen Triebe bilden regelrechte Taschen und die Blätter wirken wie eine vor Wind und Regen schützende, vorgehängte Fassade. Besonders abends besonnte Südwest- und Westfassaden spenden Wärme vor kühleren Nächten. Nicht gedämmte Fassaden von Wohnhäusern können im Winter so viel Wärme abgeben, dass hier hinter dem immergrünen Efeu sogar Rauhautfledermäuse überwintern können. Sie halten sich dazu am rauen Putz, an Fugen oder den ungehobelten, an der Wand befestigten Leisten der Kletterhilfen fest.

Im Garten sind begrünte Sichtschutzwände und Pergolen Strukturen, die von vielen Fledermaus-Arten gerne angeflogen werden.

Begrünte Maschendrahtzäune können per Echoortung zudem besser wahrgenommen werden als nackte Gitter und dienen auch der Orientierung niedrig jagender Arten. Jedes begrünte Bauteil, und sei es noch so klein, stellt außerdem einen Baustein für die Vielgestaltigkeit im Garten dar und erhöht damit auch die Artenvielfalt.

Wer Fledermäusen mit Kletterpflanzen Nahrung bieten möchte, pflanzt an Gebäuden und im Garten möglichst Arten, die viele Insekten anlocken und den Fledermäusen auf diese Weise dienen, beispielsweise Jungfernreben, Efeu, Clematis oder Geißblatt (siehe dazu auch Seite 94). Ergänzt werden kann das Angebot um viele weitere heimische Gehölze, nachtduftende Stauden und Einjährige im Garten, auf der Terrasse und dem Balkon.

**Tipp** *Kletterpflanzen mit Stacheln wie Rosen und Brombeeren stellen für anfliegende Fledermäuse eine Gefahr dar! Hier können besonders junge, im Manövrieren ungeübte Tiere ihre Flughäute verletzten, deshalb hängt man in ihrer unmittelbaren Nähe besser kein Fledermausquartier auf.*

## Freier Anflug für Fledermäuse

Fledermauskästen sollten von den Trieben der Fassadenbegrünung nicht erreicht werden können. Die Tiere brauchen unbedingt freien Anflug und möglichst viel Sonne. Außerdem krabbeln sie über den rauen Putz oder die Holzverschalung in den Fledermauskasten von unten, dessen schmale Öffnung nicht durch Pflanzenteile versperrt werden darf. Zum Aufhängen der Kästen wählt man deshalb eine freie Fassadenfläche in südlicher oder südwestlicher Richtung in mindestens 3 Meter Höhe, am besten direkt unter dem Dachüberstand, da die Tiere hier von selbst nach Spalten suchen. Mehrere Kästen verschiedener Bauart, in unterschiedliche Höhen und Himmelsrichtungen gehängt, erhöhen die Wahrscheinlichkeit, dass Fledermäuse die künstlichen Spalten und Höhlen als Tages- oder Balzquartiere, als Wochenstuben oder gar Winterquartiere nutzen.

*Je nach Bauart und Platzierung bieten Fledermaushohlsteine, -kästen und -höhlen verschiedenen Fledermaus-Arten zu unterschiedlichen Jahreszeiten Tagesverstecke, Kinderstuben oder Winterquartiere.*

**Rund ums Haus gibt es viele Möglichkeiten, Biotope für Tiere zu schaffen:**

(1) **Baum:** Mit Efeu berankt, ist der alte Baum auch im Winter grün. Wird eine Kletter-Rose daneben gepflanzt, wird der Baum im Sommer erblühen.

(2) **Garagendach:** Ein flaches Garagendach lässt sich einfach extensiv begrünen.

(3) **Garagenwand:** Kletterpflanzen lassen sich an einem Rankgitter leiten.

(4) **Rosenbogen:** Im Eingangsbereich lädt der berankte Rosenbogen Besucher zum Betreten ein.

(5) **Mauer:** Überhängende Zwergsträucher begrünen die Grundstücksgrenze.

(6) **Hausecke:** Ein Kletterpflanze verschönert die Fassade und gibt ein individuelles Gesicht.

(7) **Zäune** geben Kletterpflanzen und hohen Stauden Halt.

(8) **Sitzplatz:** Mit einjährigen Kletterern berankte Netze bieten auf der Terasse im Sommer Sichtschutz.

(9) **Stützpfosten:** Mit Kletterhilfe versehen, bieten sie Schlingern und Rankern Halt.

(10) **Pavillon** oder **Gartenhaus** können mit wenig Aufwand zu grünen Lauben werden.

(11) **Balkon:** Hier lassen sich einjährige Kletterpflanzen in Kübeln ziehen.

# Kletterhilfen richtig auswählen

Wer ein Haus mit Garten sein eigen nennt, hat besonders viele Möglichkeiten, Kletterpflanzen anzusiedeln. Selbst wenn der Garten schon fertig bepflanzt ist, findet sich für einen oder mehrere Kletterer meist noch ein Eckchen am Haus, an einem Pfosten von Balkon oder Pergola, einem Nebengebäude wie der Garage, einem alten Baum oder einer Mauer. So lässt sich die »Grünfläche« auch in kleinen Gärten deutlich erhöhen, wenn man alle senkrechten Flächen als Pflanzenstandorte mitbedenkt.

Für die Auswahl und besonders das Anbringen der Kletterhilfen sowie die Wahl der Kletterpflanzen ist es aber wichtig, zwischen Wohngebäuden, Nebengebäuden und Gartenelementen zu unterscheiden. Und auch wenn die Kletterpflanzen auf dem Balkon, der Terrasse oder im Innenhof in einem Kübel wachsen sollen, müssen vorab einige technische Voraussetzungen beachtet werden.

## Kletterhilfen an der Fassade von Wohngebäuden

Mit Gerüstkletterern (Schlingern, Rankern und Spreizklimmern) und installierten Kletterhilfen lässt sich gezielt vorgeben, wo die Fassade begrünt sein soll. Unkontrolliertes Wachstum wie bei Selbstklimmern gibt es hier nicht, die Pflanzen werden durch die Form der Kletterhilfe gelenkt. So kann man die Fassade mit Kletterhilfen optisch gliedern, ihre Form betonen oder Proportionen optisch verschieben (s. Seite 39):

- Lineare Begrünungen an senkrechten Spanndrähten oder schmalen hohen Gittern betonen die Senkrechte des Gebäudes.
- Mit flächigen Begrünungen kann man z. B. fensterlose Fassadenteile verschönern.
- Waagerechte Kletterhilfen wie angebaute Pergolen oder breite Balkongitter lassen ein Gebäude breiter erscheinen oder betonen die Stockwerke des Hauses.

Die Kletterhilfen sollten immer in Stil, Material und Farbe zum Haus passen, denn nach dem Laubfall sind sie gut sichtbar.

Ob Sie die Kletterhilfe selbst bauen oder kaufen – wichtig ist, dass sie in allen Teilen lange haltbar ist, zur gewünschten Pflanze bzw. zu deren Klettertechnik und Wachstum passt und richtig angebracht wird. Sparen Sie deshalb nicht bei der Qualität des Materials und aller Verbindungselemente. Nichts ist ärgerlicher als eine abstürzende Kletterpflanze wegen korrodierender Schrauben oder faulender Konstruktionshölzer.

Als Bauarten von Kletterhilfen kommen Drähte und Seile (aus Edelstahl, mit und ohne Ummantelung, Nylon), Gitter aus Metall sowie Rankgitter und Spaliere aus Holz infrage. Bei den Holzarten muss man sich zwischen umweltfreundlichen Anstrichen zur Verlängerung der Haltbarkeit und langlebigen Hölzern (z. B. Lärche, Douglasie, Thermoholz), die nicht gestrichen werden müssen, entscheiden.

Neben der zum Wandaufbau passenden Befestigung muss auch auf den Wandabstand der Kletterhilfe geachtet werden. Die Triebe der Pflanze müssen genügend Raum haben, damit sie sich um die Stäbe oder Gitter schlingen und im Durchmesser beim Wachstum zulegen können (siehe Tabelle auf der nächsten Seite).

Ab Seite 119 werden einige Projekte zur Fassadenbegrünung mit Kletterhilfen für unterschiedliche Ausgangsbedingungen vorgestellt. Diese können Sie natürlich abwandeln, damit alle Bedingungen für Ihre Fassade erfüllt sind. Sind Sie sich bezüglich der Anbringung an Ihre Fassade nicht ganz sicher, fragen Sie bitte vorher einen Architekten, Bauingenieur oder Fachmenschen für Fassadenbegrünungen.

*Lassen Sie bei Spalierobst mindestens 30 Zentimeter Abstand zur Wand. Auch Wein, Kiwi und stark wachsende Schlinger brauchen viel Platz.*

Kletterhilfen für Mauern und Wände

| Starre Kletterhilfen | Wandabstand | Kletterpflanzen | Begrünungseffekt |
|---|---|---|---|
| Stäbe | 20 – 25 cm | Schlinger mit ausgeprägtem Dickenwachstum | linear, vertikal |
| Metall- und Holzgitter | 20 – 25 cm | stark wachsende Ranker und Spreizklimmer | flächig |
| Waagerechte Rohre, Stangen, Gitter | 25 – 30 cm | Schlinger (Glyzine), Wein, Kiwi | horizontal |

| Flexible Kletterhilfen | Wandabstand | Kletterpflanzen | Begrünung |
|---|---|---|---|
| Spanndrähte, Seile | 10 – 15 cm | schwach wachsende und einjährige Schlinger | linear, vertikal |
| Netze | 10 – 15 cm | schwach wachsende Ranker und Schlinger | flächig |

Bevor man sich für die Befestigung der Kletterhilfe entscheidet, müssen Wandmaterial und Wanddicke bestimmt werden, denn nicht alle Untergründe eignen sich zur Befestigung. Entweder verraten das die Bauunterlagen oder man fragt einen Bauingenieur, um welches Mauerwerk bzw. Wandmaterial es sich handelt und welche Befestigungselemente dafür geeignet sind. Bei Fertighäusern kann auch die Firma Auskunft geben, die das Haus hergestellt hat, wenn man Baujahr und Modellreihe nennt.

Als Nächstes gilt es, das Gewicht der Kletterhilfe inklusive der ausgewachsenen Pflanze abzuschätzen. Gehen Sie bei mattenartig wachsenden Kletterpflanzen von einem Gewicht bis zu 100 kg/m$^2$ aus (entspricht einer Last von 1 kN/m$^2$). Zusammen mit dem Gewicht der

**Tipp** *Auch auf den seitlichen Abstand kommt es an: Achten Sie darauf, dass die Kletterhilfe auch ausreichenden seitlichen Abstand (etwa 50 Zentimeter) zu Gebäudeteilen hat, die nicht von Kletterpflanzen erklommen werden sollten (z. B. Regenfallrohre, Blitzableiter, Klappläden).*

Kletterhilfe wirken erhebliche Lasten an den Befestigungspunkten, die von der Wand und dem Montagematerial getragen werden müssen. Entsprechend viele Befestigungspunkte müssen bestimmt und auf den Untergrund und das Befestigungssystem abgestimmt werden. Wählen Sie deshalb lieber einige Dübel und Schrauben mehr, wenn Sie die Kletterhilfe selbst bauen. An gekauften Systemen sind meist schon die Löcher und Halterungen für das Aufhängen vorgegeben.

Neben der Last, die das Gewicht darstellt, kommt bei gespannten Drähten noch die Zuglast durch das Spannen hinzu. Die Belastungsfähigkeit des Montagesystems wird in der Regel vom Hersteller angegeben, wobei Windlasten mitberücksichtigt werden.

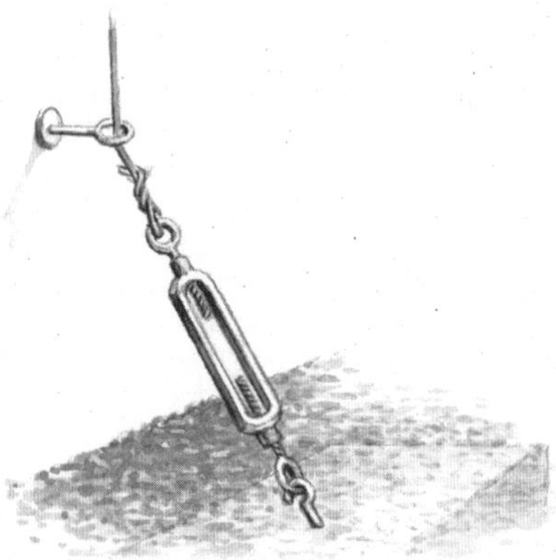

*Senkrechte Drähte können an Dach und Boden verankert werden, um die Zuglasten auf die Wand abzufangen.*

## Checkliste

- ▷ Abstand der Kletterhilfe zur Wand bestimmen (Luftabstand).
- ▷ Gewicht der Kletterhilfe mit dem Gewicht der Pflanzen addieren.
- ▷ Last und gegebenenfalls Zuglast abschätzen.
- ▷ Anzahl und Orte der Befestigungspunkte festlegen.
- ▷ Passendes Befestigungssystem und Abstandshalter aussuchen.

## Mauerwerk und gedämmte Fassaden

Fassaden mit Mauerwerk oder verputztem Mauerwerk als äußerste Schicht können meist einfach angebohrt werden, um die Kletterhilfen zu befestigen. Es ist aber wichtig, den passenden Dübel und die zum Wandmaterial und zur Last passenden Schrauben zu finden.

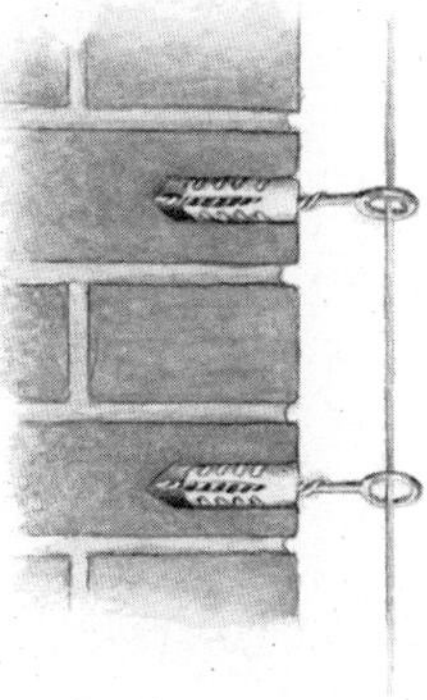

*Bei massivem Mauerwerk wie diesen Backsteinen kann man direkt in die Steine bohren, um die Dübel zu befestigen. Der Abstand der Drähte zur Wand sollte mindestens 10, besser 15 Zentimeter betragen, je nach Wüchsigkeit der Schlingpflanze.*

### Für die Auswahl der Dübel bzw. Schrauben unterscheidet man zwischen den unterschiedlichen Wandkonstruktionen

- Sichtbeton und unverputztes Mauerwerk (Ziegelstein, Naturstein, auch Mauerschalen, dicker als 8 Zentimeter)
- dünne Betonschalen, unter 8 Zentimeter dick (z. B. Fertiggaragenwände, Abtrennungen von Gemeinschaftsbalkonen)
- verputztes Mauerwerk (aus »Ziegelsteinen«, Mischmauerwerk)
- Hohlsteine und Lochziegel aus Beton, gebranntem Ton, Kalksandstein (verputzt oder unverputzt)
- weiches Mauerwerk (Porenbeton, Gasbeton, Lehmsteine, mürbe Mauerfugen)
- mit Klinkern verblendetes Mauerwerk
- massive Holzbauten bzw. Holzständerbauten (Blockbohlen, Fachwerkstützen bei Fachwerk- und Holzrahmenbauten, Pfosten, Dachsparren, Pergolen …)
- Holzschalungen und Holzplattenbauten

Wärmedämmungen sollten dagegen nicht einfach »angebohrt« werden, denn jede Befestigung stellt eine Wärmebrücke dar. An diesem Punkt ist es im Winter am kältesten und es kann sich Kondenswasser bilden, das zu Schimmelbildung führen kann. Es gibt aber ausgereifte Befestigungssysteme, die sich für unterschiedliche Dämmmaterialien und Dämmdicken eignen. Sie minimieren den Eingriff, helfen Wärmebrücken zu vermeiden und stellen eine wetterfeste Abdichtung dar. Hier sollte man genau recherchieren bzw. den Hausbauer bzw. Baudekorateur, der die Dämmung herstellte, fragen und nur die für die eigene Wand zugelassenen Systeme verwenden.

Der Schaft der Schrauben muss immer in der tragenden Wand bzw. einem tragenden Bauteil verankert sein. Die Wärmedämmung bzw. das nichttragende Wandteil wird von Spezialelementen überbrückt und gegen Niederschläge abgedichtet.

Da es so viele unterschiedliche Wandsysteme gibt, sollte man sich vorher genau erkundigen, wie eine Halterung für ein Klettergerüst oder Seilsystem aussehen muss und wo genau sie nur angebracht werden darf. Bestehende Halterungen für Regenfallrohre, Blitzableiter und andere Bauteile können dabei erste Hinweise geben.

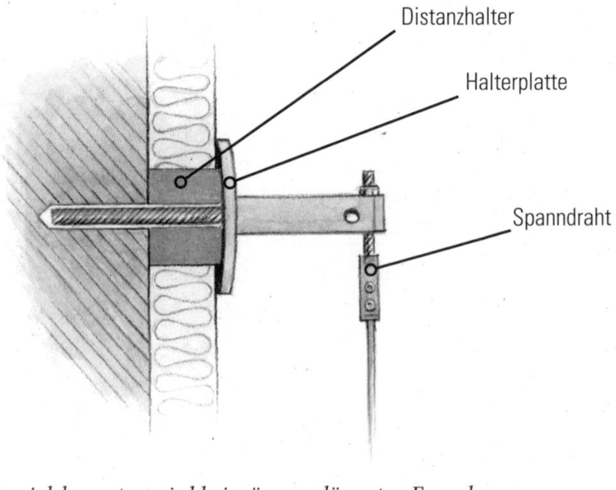


*Mit Spezialelementen wird bei wärmegedämmten Fassaden die Dämmung überbrückt und der Befestigungspunkt abgedichtet.*

### Befestigungsmöglichkeiten von Kletterhilfen an gedämmten Wänden

| Spezialelement | Geeignet für |
|---|---|
| Stützkörper für Schrauben | Standardlösung bis 14 cm Dämmung |
| Langer Schraubenschaft | bis 6 cm Wärmedämmverbundsystem |
| Einfacher Stützkonus | bis 12 cm Wärmedämmung |
| Doppelter Stützkonus | bis 22 cm Dämmung |
| Hartsegment | bis 22 cm Dämmung |
| Direktbefestigung in der Dämmung (z. B. PU-Schaum), Spreizdübel | nur für leichte Seilsysteme und Kletterpflanzen |

**Tipp** *Statt die Kletterhilfe an der gedämmten Fassade zu befestigen, kann es einfacher sein, andere Bauteile wie Balkonpfosten zu nutzen oder die Kletterhilfe vor die Fassade zu stellen. So können Seile und Gitter auch an den Dachüberständen und am Boden befestigt werden.*

## Holzfassaden und Holzbauteile

Bei Holzfassaden ist die Befestigung einer Kletterhilfe relativ einfach, denn sie kann sowohl an die Unterkonstruktion einer vorgehängten Fassade als auch an massive Holzbauteile von Blockbohlenbauten, Balken von Fachwerkhäusern und Holzständerkonstruktionen geschraubt werden. Hier benötigt man keine Dübel, sondern schraubt direkt in das Holz, das man vorher anbohrt.

Bei vorgehängten Fassaden schraubt man aber immer nur in die Unterkonstruktion, damit die Bretter nicht aus- bzw. abreißen. Die Unterkonstruktion kann man finden, indem man an die Holzverschalung klopft. Dort, wo sie es sich dumpfer anhört als in den Hohlräumen dazwischen, findet man die Quer- oder Längslatten, auf denen die Schalbretter befestigt sind. Auch hier sollte man vorher den Hausbauer, Architekten oder Zimmermann fragen, der die Verschalung angebracht hat. Sie können auch kompetent zum richtigen Halterungsmaterial, zu den passenden Montagepunkten und zur Belastbarkeit beraten.

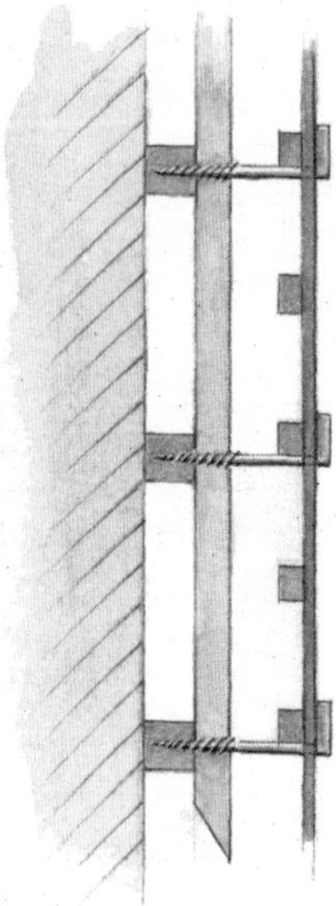

*Einfache Holzspaliere aus Latten können einfach an der Unterkonstruktion der Holzverschalung angebracht werden. So kann auch bei wenig Platz viel Grün wachsen, ohne die Fenster zu verschatten.*

Kletterhilfen können auch an der Holzunterkonstruktion eines Dachüberstands befestigt werden. Da der Dachstuhl in der Regel aus Holz ist, kann man hier einfach Schrauben oder Ösen anbringen (die Zuglasten spielen dabei in den allermeisten Fällen keine Rolle). Die Befestigung am Boden kann z. B. an einem einbetonierten Kantenstein erfolgen. Ist der nicht vorhanden, können kleine Fundamente gegossen und mit passenden Ankern versehen werden. Diese Befestigungsart hat auch den Vorteil, dass die Pflanzen außerhalb des Dachüberstands bzw. des Sauberkeitsstreifens gepflanzt werden können.

### Zuglasten bei der Montage von Drähten

An den Montagepunkten von Drähten und Seilen müssen nicht nur die Gewichte der Konstruktion und der Pflanzen, sondern auch die Zuglasten der gespannten Drähte abgefangen werden. Dies kann man mit kurzen, in die Gegenrichtung gespannten Zugdrähten an weiteren Befestigungspunkten erreichen (siehe dazu auch die Abbildung auf Seite 118)

## Kletterhilfen für begrünte Pfosten und Rohre

Die Begrünung von senkrechten Bauteilen erfordert genauso viel Sorgfalt wie die Begrünung von Fassaden. Relativ häufig kann man von Glyzinen zerquetschte Regenrohre sehen oder Balkonpfosten, an denen Kletterpflanzen mit provisorisch angebrachten Seilen am Abrutschen gehindert werden.

Für Fallrohre gibt es spezielle Gittersysteme, die mit schwach wachsenden Rankern wie Clematis oder Geißblatt sowie vielen Einjährigen begrünt werden können (siehe Abbildung). Kaum eine Pflanze kann sich von selbst an dem glatten Rohr festhalten und die Pflanzen, die es können, zerdrücken den Hohlkörper mühelos innerhalb der nächsten Jahre (Glyzine, Schling-Flügelknöterich). Sie sind deshalb hierfür absolut ungeeignet!

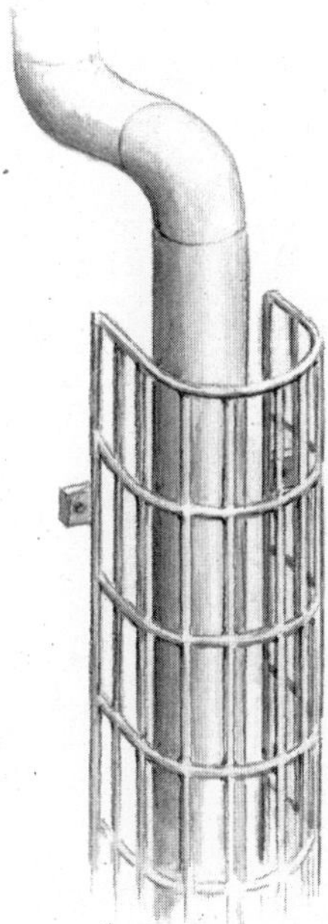

*Spezielle Gittersysteme für Fallrohre werden an der Hauswand montiert. Clematis, Geißblatt oder einjährige Kletterpflanzen können daran emporranken.*

Runde Metallstützen aus Eisen für Balkone und andere Bauteile können dagegen von den stark wachsenden Schlingern wie Glyzinen nicht zerdrückt werden. Hier muss man allerdings bedenken, dass die Pflanzen auch darüber hinauswachsen und gegebenenfalls andere Bauteile umschlingen können.

Für zarte Schlinger und Ranker kann man die Pfosten mit rund gebogenen Gittern (verzinkte Baustahl- oder Estrichmatten) in passendem Abstand für die Begrünung vorbereiten. Oder man nimmt Seilsysteme, die für die Pfostenbegrünung entwickelt wurden (siehe Abbildung).

Holzpfosten kann man genau wie Holzfassaden mit Seilsystemen oder schmalen Gittern für die Begrünung vorbereiten. Die Lasten spielen dabei keine Rolle, nur kann man den Pfosten nach der Begrünung nicht mehr streichen, was bei senkrechten Holzbauteilen aber sowieso meistens nicht nötig ist.

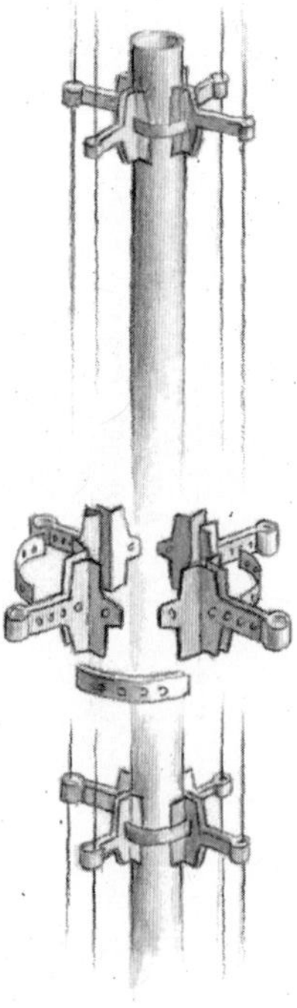

*Für runde Stützpfeiler aus Metall werden spezielle Seilspannsysteme angeboten. Die Seile können von schwachwüchsigen Schlingern und Rankern erobert werden.*

# Kletterhilfen für die Terrassenbegrünung

Auf der Terrasse wünscht man sich oft einen Sichtschutz. Begrünte Kletterhilfen haben den Vorteil, dass sie nicht nur vor fremden Blicken schützen, sondern auch grünes Blattwerk und schöne Blüten bieten. Das Mikroklima auf der Terrasse profitiert ebenfalls, denn es wird im Sommer kühler. Gleichzeitig schafft man Lebensräume für Tiere.

Als Kletterhilfen eignen sich viele handelsübliche Sichtschutzwände mit Gittern zwischen den Rahmen, die den meisten Kletterpflanzen guten Halt geben. Mit einer selbst gebauten Kletterhilfe kann man der gewünschten Pflanze optimale Bedingungen schaffen. Bei Doppel- und Reihenhäusern sollte man vor dem Bau immer mit dem Nachbarn sprechen, welche Höhe und Breite an der Grenze erlaubt ist. Ist bereits eine Abtrennung vorhanden, kann man sie vielleicht umgestalten. Eine Mauer kann man mit einem befestigten Rankgerüst oder Seilsystem bestücken. Eine hölzerne Trennwand sollte man erst einmal auf Standfestigkeit prüfen, bevor man eine Kletterpflanze davor setzt.

Am besten gedeihen Kletterpflanzen in gutem Boden, wo sie im Winter vor Frost geschützt sind. Auf vielen Terrassen gibt es das Problem, dass direkt bis zur Trennwand oder Mauer gepflastert wurde. Hier muss man einen etwa 40 Zentimeter breiten Streifen Pflaster entfernen und den geschotterten Unterbau durch gute humose Pflanzerde ersetzen. In geschützten Lagen gibt es vielleicht auch die Möglichkeit, eine Plattenreihe zu entfernen und ein Hochbeet von etwa 50 Zentimeter Höhe zu bauen und mit humoser Erde zu füllen. Die darin wachsenden Kletterpflanzen werden auch den Boden darunter erobern, der durch die gute Erde darüber und das Gießen nach und nach von Regenwürmern und anderen Bodenbewohnern besiedelt und gelockert wird. Eine dritte Möglichkeit ist das Aufstellen großer Kübel für frosttolerante oder einjährige Kletterpflanzen (mehr dazu auf Seite 88).

Befindet sich ein Balkon über der Terrasse, kann man dessen Unterseite oder die untere Querstrebe des Geländers zum Befestigen einer Kletterhilfe bzw. eines Seilsystems nutzen. Das Pflanzbeet befindet sich dann am besten außerhalb des Regenschattens. Wo das nicht möglich ist, muss die Kletterpflanze regelmäßig gegossen werden.

# Kletterhilfen für begrünte Balkone

Auf Balkonen gibt es zwei Probleme: Die Pflanzen müssen in relativ kleinen Kübeln wachsen (zulässiges Gewicht und der Transport von Kübel und Substrat müssen beachtet werden) und das Anbringen einer Kletterhilfe am Gebäude ist ziemlich schwierig (bzw. ist bei Mietobjekten nicht erlaubt).

Meist eignen sich daher nur zierliche Einjährige für die Begrünung des Balkongeländers oder eines Rankgerüstes, das fest mit dem Pflanzkübel verbunden ist. Denn nur wenige Klettergehölze können in gefrorener Kübelerde überleben.

Für einen sommerlichen Sichtschutz mit schnell wachsenden, einjährigen Kletterpflanzen eignen sich am besten Netze, die man am Dachstuhl oder bei Mehrfamilienhäusern am darüberliegenden Balkon anbringen und bis zum Geländer spannen kann. Im Herbst nimmt man sie einfach wieder ab. Allerdings braucht man auch hier Dübel mit passenden Schraubösen, die an der Unterkonstruktion des Dachs oder an der Unterseite des darüberliegenden Balkons angebracht werden müssen. Oder ein netter Nachbar vom Stockwerk darüber erlaubt vielleicht das Einhängen von Haken (rostfreie S-Haken) in der unteren Strebe seiner Balkonbrüstung.

Vor selbst gebastelten Provisorien muss aber an dieser Stelle gewarnt werden, denn die Windbelastung kann auf Balkonen ziemlich hoch sein und es dürfen keine Menschen durch herabfallende und umherfliegende Kletterhilfen und Pflanzenteile gefährdet werden.

Ärger kann man als Mieter auch bekommen, wenn das überschüssige Gießwasser die Platten des Balkons verfärbt oder gar über den Rand läuft und den Balkon darunter nässt. Deshalb sollte man vor dem Aufstellen großer Kübel immer den Vermieter um Erlaubnis fragen.

**Tipp** *Ein dickes Dränagevlies auf dem Kübelboden verhindert, dass feine Substratteilchen, die das Gießwasser verfärben, durch das Entwässerungsloch ausgespült werden.*

*Auf dem Balkon im obersten Stockwerk wurde ein Nylonnetz oben an der Unterkonstruktion des Dachs, unten am Pflanzkübel befestigt.*

# Rankgitter und Seile an Nebengebäuden

Nebengebäude wie Garagen, Gartenhäuser und Scheunen sind leichter zu begrünen, hier gibt es meistens keine wärmegedämmten Außenwände. Die Befestigung der Kletterhilfen ist deshalb recht einfach und kann mit Dübeln und entsprechend langen Schraubhaken erfolgen. Rankgitter lassen sich so einfach aufhängen, jedoch muss auch hier auf einen zur Pflanze passenden Wandabstand von mindestens 10 Zentimeter geachtet werden. Spreizklimmer wie Rosen und Schlinger wie Glyzine brauchen mindestens 20 Zentimeter Abstand zur Wand.

Seilsysteme werden auf die gleiche Weise angebracht, doch muss man hier mehr Befestigungspunkte wählen, da die Seile mittels Spannschlössern gespannt werden und so zur Pflanzenlast weitere Kräfte auf die Dübel wirken. Senkrecht angebrachte Seile können auch nach oben, z. B. in die Dachkonstruktion, und nach unten mittels Verankerung in der Erde gespannt werden.

*Untergrund, Dübel und Haken müssen das Gewicht der Kletterhilfe und der Pflanze tragen können.*

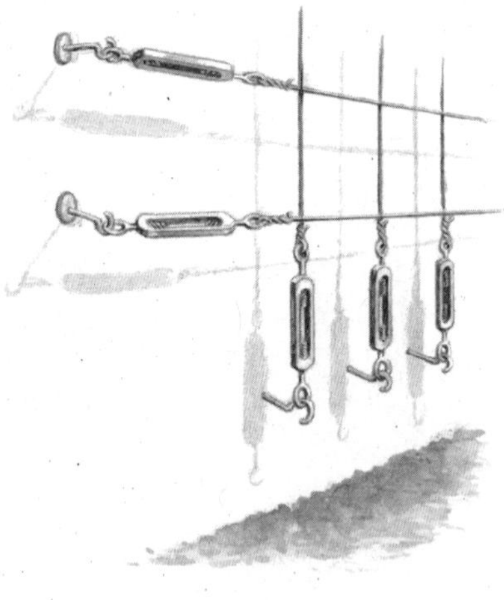

*Seilsysteme werden gespannt, sodass zum Gewicht der Seile und Pflanzen weitere Zuglasten hinzukommen.*

## Klettergerüste und Spaliere für lebendige Innenhöfe

In dicht bebauten Innenstädten stehen oftmals nur Höfe und keine Gärten zur Verfügung. Hier lohnt sich das Begrünen von Fassaden und Mauern doppelt. Begrünte Höfe haben ein deutlich wahrnehmbar besseres Klima und damit eine verbesserte Aufenthaltsqualität als nicht begrünte Plätze. Es ist weniger staubig und heiß im Sommer, da die Blätter der Kletterpflanzen Staub binden und durch Transpiration die Umgebungsluft kühlen. Immergrüne Kletterer lassen die Häuserwände zudem auch im Winter freundlicher erscheinen.

Ob und wie man die Kletterhilfen an den Mauern des Hofs, an Nebengebäuden, an Wänden des eigenen Hauses oder Nachbargebäudes anbringen kann, muss man vor Ort erfragen und entscheiden. Oder man wählt frei stehende Kletterhilfen, die aber im Boden sicher verankert werden müssen. Eine Pfostenreihe mit dazwischen montierten Kletterhilfen muss aber auch immer an einem Gebäude verankert werden oder um die Ecke gebaut werden, damit sie stabil steht. Diagonalstreben müssen die Rahmen zusätzlich aussteifen. Stabiler sind zwei Pfostenreihen mit Dachreitern, also ein Laubengang bzw. eine Pergola. Bei größeren Konstruktionen sollte man vorher immer einen Zimmermann oder Gartenbauer um Rat fragen.

Einen großen Hof kann man mittels berankter, frei stehender Spaliere in mehrere Räume mit unterschiedlicher Nutzung unterteilen. Mit Kletterpflanzen an Sichtschutzwänden lassen sich Mülltonnen verstecken und Fahrradplätze abgrenzen. Neben vorhandenen Mauern können aber auch selbst gebaute Pergolen mit Kletterpflanzen begrünt werden. Unter einer begrünten Pergola können Kinder spielen oder ein Tisch lädt zum gemeinsamen Essen ein. Ist der Hof sonnig, kann man hier sogar Blütenfülle oder sogar Früchte wie Kiwis erwarten.

Für die Pflanzbeete können die meisten Höfe mit wenig Aufwand zumindest teilweise entsiegelt werden. Auch hier sind niedrige Hochbeete hilfreich, weil der Boden meist so verdichtet ist, dass die Kletterpflanzen zumindest anfangs nur schlecht einwurzeln und wachsen können.

Vorab holt man sich am besten Rat bei einem Gartenplaner, der die Möglichkeiten der Hofgestaltung, der Begrünung und der Kletterhilfen besser abschätzen kann als ein Laie. Besonders wenn der Hof von mehreren Parteien genutzt wird, hilft die Beratung und Bauleitung durch einen neutralen Fachmann, Unstimmigkeiten und Fehler bei der Platzwahl, der Montage der Kletterhilfen, der Auswahl der geeigneten Pflanzen, dem Herstellen der Pflanzbeete und der Pflege der Pflanzen zu vermeiden.

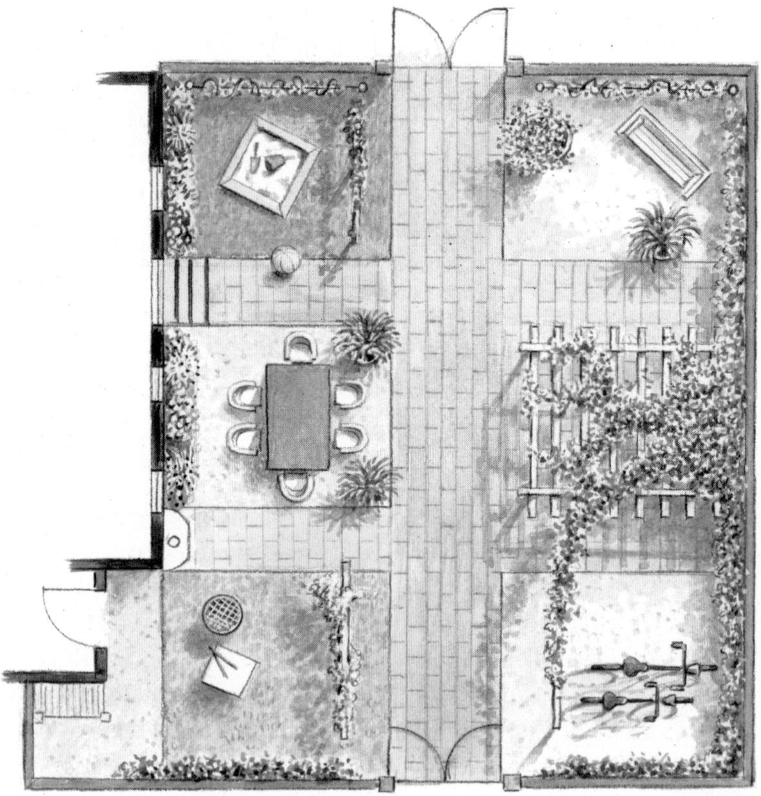

*Ein Innenhof lässt sich preiswert mit unterschiedlichen Rankhilfen und passenden Kletterpflanzen begrünen und in unterschiedliche Außenräume gliedern.*

# Kletterpflanzen im Garten

Die Pflanzenvielfalt im Garten kann erheblich erweitert werden, wenn man nicht nur ebene Flächen, sondern auch alle anderen Möglichkeiten für eine Begrünung nutzt. Besonders an der Gartengrenze bieten Mauern, Zäune und Sichtschutzwände viele Möglichkeiten für Kletterpflanzen. Zudem lassen sich alte oder langweilige Zäune unter ihrem Laub verstecken. Uniforme Sichtschutzwände bekommen mit Kletterpflanzen ein ganz individuelles Gesicht und triste Mauern ein grünes Kleid.

Doch auch mitten im Garten kann man mit begrünten Kletterhilfen schöne Blickfänge gestalten. Einzelne begrünte Kletterhilfen wie ein Rosenbogen eignen sich hervorragend, um einen Garten zu gliedern und senkrechte Akzente zu setzen. Ein begrünter Obelisk oder ein Dreifuß können in einem kleinen Garten bzw. Gartenteil den Baum oder Strauch ersetzen, der hier zu ausladend wäre. Stellt man mehrere Obelisken in regelmäßigen Abständen neben einen Gartenweg oder eine Hecke, kann man den Blick zu einem Blickfang oder Ausblick len-

*Selbst gebaute Obelisken aus abgeschnittenen Hasel- oder Weidenruten eignen sich für kleine und einjährige Kletterpflanzen.*

ken. Paarweise aufgestellt, bilden sie ein Tor in ein neues Gartenzimmer oder den Rahmen für eine Aussicht. Eine Reihe aus paarweise aufgestellten Obelisken kann wie ein Laubengang wirken. Verkürzt man die Abstände zwischen den Obelisken und verjüngt gleichzeitig die Breite des Laubengangs, entstehen falsche Perspektiven, die den flankierten Weg länger erscheinen lassen.

Im Handel findet man eine Auswahl an Obelisken und Rosenbögen aus Holz und Metall. Für formale Gärten sollte die Berankung sparsamer ausfallen, damit die dekorative Kletterhilfe noch erkannt wird. Naturnahe Gärten vertragen robustere Kletterhilfen aus Holz, Selbstgebautes aus Naturholz und eine üppigere Berankung.

**Tipp** *Belaubte Kletterpflanzen können ein erhebliches Flächengewicht (bis 100 kg/m²) erreichen. Dies muss man beachten, wenn man einen Zaun, eine Sichtschutzwand oder ein Gartenhaus begrünt.*

## Gartenbauwerke und dazu passende Bepflanzung

| Bauwerke | Kletterpflanzen | Begrünungseffekte |
|---|---|---|
| Gartenhäuser, Schuppen, Unterstände aus Holz | Ranker und Schlinger mit Kletterhilfen | flächig, auch übers Dach hinweg |
| Garagenwände, Nebengebäude, Mauern aus Stein | Selbstklimmer, mit Kletterhilfe auch Spalierobst, Spreizklimmer, Ranker und Schlinger | flächig oder linear |
| Stützmauern, Gabionen, gemauerte Pflanzkübel, Böschungen | Selbstklimmer, Überhänger, mit Kletterhilfe (außer bei Gabionen) auch Ranker und Schlinger | flächig oder von oben überhängend |
| Balkone, Pergolen, Rosenbögen | Schlinger, mit Kletterhilfe auch Ranker | linear, auch dachartig |
| Pfosten, Stützen, Obelisken | Schlinger, mit Kletterhilfe auch Ranker | linear |
| Zäune, Raumteiler, Sichtschutzwände | Schlinger und Ranker, ausdauernde, schwachwüchsige oder einjährige | flächig |
| Temporäre Rankhilfen, Tipis, Bohnenstangen | einjährige Schlinger und Ranker | linear |

# Sichtschutzwände begrünen

An der Grenze zum Nachbarn oder zu einem Gehweg möchten sich viele Gartenbesitzer vor Blicken schützen. Ist wenig Platz vorhanden, können Kletterpflanzen am Zaun oder an einer Sichtschutzwand eine Hecke ersetzen. Ihre Pflege ist zudem einfacher als ein Heckenschnitt. Man kann verschiedene Arten und Sorten von Rankern und Schlingern kombinieren und erhält auf diese Weise einen abwechslungsreichen, grünen Sichtschutz.

Auch einfache Maschendrahtzäune und stabile Stabgitterzäune lassen sich mit Kletterpflanzen attraktiv begrünen. Wo nur partiell ein höherer Sichtschutz gewünscht ist, kann man einzelne Rankgitter oder Sichtschutzelemente aufstellen und begrünen.

Sichtschutzwände werden oftmals als Bausätze mit unterschiedlichen Elementen angeboten. Neben glatten Holzwänden gibt es auch Gitterelemente, die zwischen die Pfosten der Sichtschutzwand passen. Sie eignen sich gut zum Begrünen und bringen Abwechslung in eine einförmige, lange Sichtschutzwand.

Eine glatte bzw. für Kletterpflanzen ungeeignete Sichtschutzwand bespannt man mit einem Drahtgitter oder einem kräftigen Nylonnetz, um sie für Ranker attraktiv zu machen. Für Schlinger kann man senkrechte Drähte oder Seile zwischen lange Schraubhaken spannen, die am oberen und unteren Rahmen des Sichtschutzelements eingedreht werden. Auch hier muss auf ausreichenden Abstand zur Wand geachtet werden, damit die Pflanzentriebe zwischen Gitter und Holzwand wachsen können.

Für Sichtschutzwände eignen sich nur mittelstark und schwach wachsende, ausdauernde Schlinger, Ranker wie Clematis und Geißblatt oder einjährige Kletterer, deren Wachstum durch angepasste Düngung begrenzt werden kann.

Sollen mehrere Klettergehölze nebeneinander gepflanzt werden, beträgt der Pflanzabstand in der Regel etwa 1 Meter, bei stark wachsenden auch 1,5 bis 2 Meter. Da sich die Pflanzen in Bodennähe nicht verzweigen und selten Blätter bilden, sollte man das Beet in den Zwischenräumen begrünen. Mit immergrünen Zwerg- und Halbgehölzen,

Gräsern und Stauden kann man die Lücke zwischen Boden und Sichtschutzwand auch im Winter gut verdecken.

Steht viel Platz für ein Beet zur Verfügung, können an einer sonnigen, ausreichend stabilen Sichtschutzwand auch Kletter-Rosen und Beeren tragendes Obst wachsen. Holzwände speichern jedoch keine Wärme, sodass man hier auf wärmeliebende Arten verzichten sollte.

### Gitter in Sichtschutzwänden

Gitterfenster in glatten Sichtschutzwänden können nur berankt werden, wenn sie in Bodennähe beginnen. Die oftmals weit oben angebrachten Gitterausschnitte sind nur zum Durchschauen geeignet. Sollen sie berankt werden, muss man die Pflanze mittels eine (temporären) Kletterhilfe dort hinleiten.

*Die stabile Kombination aus Rankgittern und Hochbeeten an der Gartengrenze bietet bequem zu pflegende Begrünungsmöglichkeiten. Sie ist für kletternde Obstgehölze und Oststräucher geeignet. Auch Nisthilfen für Insekten lassen sich hier gut integrieren.*

## Ausdauernde Kletterpflanzen für Rankgitter und Sichtschutzwände (für sonnige bis halbschattige Standorte)

| **Deutscher Name**<br>*Botanischer Name* | **Kletterform, Wuchsstärke (Wuchshöhe)** | **Blütenfarbe (Blühmonate)** | **Bemerkungen** |
|---|---|---|---|
| **Alpen-Waldrebe***<br>*Clematis alpina* | Blattstielranker, schwach (2 – 3 m) | blau (5 – 6) | Fuß beschatten, Erde feucht halten |
| **Mongolische Waldrebe**<br>*Clematis tangutica* | Blattstielranker, mittel (4 – 5 m) | gelb (6 – 9) | Fuß beschatten, Erde feucht halten |
| **Italienische Waldrebe**<br>*Clematis viticella* | Blattstielranker, mittel (3 – 4 m) | rot-violett (8 – 10) | Fuß beschatten, Erde feucht halten |
| **Winter-Jasmin**<br>*Jasminum nudiflorum* | Spreizklimmer, schwach, auch überhängend (2 – 3 m) | gelb (1 – 4) | immergrün, gegebenenfalls anbinden |
| **Jelängerjelieber***<br>*Lonicera caprifolium* | Schlinger, mittel (3 – 4) | weiß-gelb (5 – 6) | duftet, rote Frucht |
| **Wald-Geißblatt***<br>*Lonicera peryclimenum* | Schlinger, mittel (3 – 4 m) | rot-gelb (5 – 6) | duftet, rote Frucht |
| **Kriech-Rose***<br>*Rosa arvensis* | Spreizklimmer, schwach, auch bodendeckend (1 – 2 m) | weiß (6 – 7) | duftet, Sorte 'Splendens' rosa-weiß |
| **Rambler-Rose 'Repandia'**<br>*Rosa* 'Repandia' | Spreizklimmer, mittel (1 – 2 m) | hellrosa (5 – 6) | duftet, Hagebutten |
| **Rambler-Rose 'Veilchenblau'**<br>*Rosa* 'Veilchenblau' | Spreizklimmer, mittel (3 – 4 m) | violett (6 – 7) | duftet, Hagebutten |
| **Japanische Weinbeere**<br>*Rubus phoenicolasius* | muss hochgebunden oder eingeflochten werden, mittel (1,5 – 2 m) | rosa (6 – 7) | wohlschmeckende Frucht |

* heimische Art

## Zäune als Kletterhilfen

In Wohngebieten sind die Zaunhöhen oftmals auf 90, 120 oder 150 Zentimeter begrenzt. Auch ein niedriger Zaun kann Sichtschutz bieten, wenn er begrünt wird. Die vorgeschriebene Höhe kann man umgehen, wenn die Zaunpfosten höher gewählt bzw. nachträglich verlängert werden und dann waagerechte Drähte als Rankhilfe dazwischen gespannt werden. So können die Kletterpflanzen am Zaun höher hinauswachsen und für einen wirkungsvollen Sichtschutz sorgen.

Innerhalb des Gartens können mit Kletterpflanzen an niedrigen Zäunen verschiedene Gartenräume entstehen. So wird der Garten spannender und wirkt größer.

Besonders hübsch sehen Lattenzäune aus, bei deren Konstruktion schmale Latten an einfache eingeschlagene Holzpfosten mit Querlatten (Riegel) geheftet werden. Da sie niemals akkurat aussehen, bekommen sie mit Berankung einen ganz besonderen Charme. Sowohl dauerhafte, schwachwüchsige Ranker als auch einjährige Schlinger eignen sich zur Begrünung dieser naturnahen Einfriedung.

Staketenzäune aus gespaltenem Ess-Kastanienholz erleben bei uns eine Renaissance. Da die Staketen zwischen stabilen Drähten vormontiert sind, lassen sie sich leicht mit Krampen an runde oder eckige Pfosten montieren. Staketenzäune gibt es in unterschiedlichen Höhen, Staketendicken und -abständen zu kaufen. Die Rollen sind meist 5 oder 10 Meter lang. Man kann die Elemente mittels der Drahtenden aneinandermontieren und muss die Pfostenabstände nicht an die Rollenlänge anpassen. Der Zaun kann bei mäßigem Anstieg dem Geländeverlauf folgen und muss nicht exakt ausgerichtet werden.

Für die Pfosten verwendet man am besten haltbare Hölzer wie Eiche, Robinie oder Ess-Kastanie. Unregelmäßige, gespaltene Stämme sehen uriger aus als regelmäßige Rundhölzer. Diese sollten etwa 30 Zentimeter höher sein als der Zaun und in Abständen von 2 bis 2,5 Metern eingeschlagen werden.

An den Staketen klettern viele Ranker und Winder empor, aber auch Spreizklimmer wie Kletter-Rosen finden an dem rauen Holz und den verzwirbelten Drähten guten Halt. Rund um einen Nutz- oder Kräutergarten sieht der Staketenzaun auch mit einjährigen Kletterpflanzen wie Kapuzinerkresse oder Duftwicke schön aus. Nutzpflanzen wie Brombeeren, Buschbohnen und Gurken können hier ebenfalls klettern, Himbeeren sowie hohe Stauden können daran angebunden werden. Auch im Winter sieht ein Staketenzaun ohne das Blattwerk der Begrünung schön aus.

*Staketenzäune aus gespaltenem Esskastanien-Holz geben dem Garten einen ländlichen Charakter, besonders wenn sie mit Bauerngartenstauden und Kletterpflanzen begrünt werden. Auch ein Nutzgarten kann mit dem preiswerten Material hübsch und wirkungsvoll gegen ungebetene Gäste eingezäunt werden.*

# Mauern, Stützmauern und Gabionen begrünen

Frei stehende Mauern bieten andere Lebensbedingungen als Fassaden. Hier gibt es keinen Dachvorsprung und der Fuß der Mauer ist in der Regel feucht, sodass man die Pflanzen direkt an den Mauerfuß setzen kann. Die Pflanzen können über die Mauerkrone hinweg wachsen und gegebenenfalls auch die andere Mauerseite besiedeln. Dort herrschen in der Regel ganz andere Lichtverhältnisse, sodass man auch unterschiedliche Kletterpflanzen an beide Mauerseiten setzen kann. Für das Haften von Selbstklimmern und die Befestigungsmöglichkeiten von Kletterhilfen gelten ansonsten dieselben Regeln wie für die Mauern von Nebengebäuden (siehe Seite 108).

Glatte Stützmauern und Betonelemente an Hängen können ohne großen Aufwand von unten mit selbstklimmenden Kletterpflanzen oder von oben mit überhängenden Arten begrünt werden. Hier sollte man vorher gut überlegen, wie sich die Pflanzen am besten erreichen und lenken lassen. Doch meist ist nicht viel Pflege nötig.

Passende Kletterhilfen, viel Kenntnis und Liebe zur Sache setzt dagegen die Pflege von Spalierobst voraus. An einer sonnenexponierten Mauer oder Fassade kann es sich trotzdem lohnen, Obstarten an Spalieren zu ziehen, die das deutlich mildere Mikroklima zu schätzen wissen.

Mit Steinen gefüllte Drahtkörbe (Gabionen) eignen sich hervorragend für eine Begrünung. Das Drahtgitter bietet Spreizklimmern, besonders Kletter-Rosen, Rankern und einigen Schlingern guten Halt und auch große, unregelmäßige Steine im Korb werden als Kletterhilfe genutzt. Unansehnliche Gabionen sollte man flächig begrünen, solche mit schönen Steinschüttungen nur punktuell wie Trockenmauern bepflanzen. Welche Pflanzen sich dafür eignen, hängt in erster Linie von den Standortbedingungen und Pflegemöglichkeiten ab. Klettertechnisch entspricht eine Gabione einer rauen Mauer mit Gitter als Rankhilfe, nur dass der Abstand hier zwischen Steinen und Gitter sehr eng ist.

Frei stehende Gabionen haben meist ein breites, geschottertes Fundament, sodass man die Kletterpflanzen mit entsprechendem Abstand pflanzen und zur Gabione leiten muss. Eine Gabionenreihe am Fuß eines Hangs kann man aber auch wie eine Stützmauer von oben begrünen (siehe Seite 78). Die besten Bedingungen bieten abgestufte Hänge mit mehreren Gabionenreihen und Pflanzstreifen dazwischen. Überhängende Zwerggehölze sehen hier besonders schön aus.

### Trockenmauern nur teilweise begrünen!

Trockenmauern werden ohne Mörtel meist aus Steinen der Region errichtet, sodass ihr Erscheinungsbild mit der Umgebung harmoniert. Aufgrund ihrer natürlichen Wirkung eignen sie sich für eine lockere Bepflanzung, sodass noch genügend Steine zu sehen sind. Die unregelmäßige Oberfläche bietet bei kleinformatigen Steinen wie Schiefer meist genügend Halt für Ranker wie kleinere Clematis-Arten. Man kann aber auch kurze Bambusstäbe oder Drahtschlingen in die Fugen stecken, um Rankern besseren Halt zu geben.

An Trockenmauern mit großformatigen oder glatten Steinen kann man mit gespannten Drähten, Gittern oder Kaninchendraht eine Kletterhilfe montieren. Einzelne begrünte Abschnitte sehen dabei schöner aus als eine komplett bewachsene Mauer. An südexponierten Mauern sollten auch immer genügend unbegrünte, sonnige Abschnitte für Eidechsen und andere Sonnenanbeter verbleiben.

Die Triebe von Selbstklimmern, insbesondere von Efeu, können an Trockenmauern von selbst haften, aber auch in die Spalten wachsen und die Mauer instabil werden lassen. Daher sollten nur Trockenmauern aus großformatigen bzw. schweren Steinen mit Selbstklimmern begrünt werden.

Hinter der Mauerkrone gepflanzt, sehen auch in größeren Abständen gepflanzte, überhängende Zwerggehölze wie Zwergstrauch-Rosen schön aus.

## Kleine, frei stehende Kletterhilfen

Im Handel gibt es eine Vielzahl von Kletterhilfen zu kaufen. Am bekanntesten ist sicher der Rosenbogen aus Metall, den man aber auch mit anderen Kletterpflanzen begrünen kann. Achten Sie beim Kauf auf gutes Material und gute Verarbeitung, z. B. an den Schweißpunkten. Die Kletterhilfen müssen einen langen Fuß haben, den man tief in den Boden drücken kann, damit sie stabil stehen. Bei ausladendem Bewuchs kann man zusätzlich auch noch verzinkte Schraubanker zur Bodenverankerung verwenden. Beim Kauf von Rosenbögen muss man bedenken, dass der Rosenbogen mit der Pflanze wesentlich kleiner wird und der Durchgang verengt ist. So sollte er mindesten 220 Zentimeter hoch und 200 Zentimeter breit sein, wenn man eine Kletter-Rose daran pflanzen möchte. Für zartere und stachellose Kletterer wie Clematis darf er auch etwas kleiner ausfallen.

Mit etwas Geschick lassen sich einfache Kletterhilfen auch selbst aus den verschiedensten Materialien wie Holz, Weiden- oder Haselnussruten zusammenbauen.

Je größer die Konstruktion, je schwerer die Kletterpflanze und je windexponierter der Standort, desto wichtiger ist eine gute Verankerung mit dem Boden. Bei Holzkonstruktionen sollte direkter Bodenkontakt immer vermieden werden. Pfostenschuhe zum Einschlagen sind eine preiswerte Möglichkeit, das Holz vor dem Verfaulen zu schützen. Wird das Klettergerüst, z. B. eine Standleiter, auf Steine gestellt, sollte man es mit einem oder zwei Schraubankern vor dem Umfallen durch Wind schützen.

Aber auch weniger haltbare und selbst entworfene, dreidimensionale Formen können dem Garten einen ganz individuellen Charme verleihen. Alte Gartenmöbel sowie rostige oder bemalte Objekte vom Dachboden, Flohmarkt oder Schrottplatz können aufgestellt und mit einer Kletterpflanze berankt, einen interessanten Blickfang im Staudenbeet oder Nutzgarten bieten. Die Größe der Kletterhilfe und die Größe sowie die Klettertechnik der gewählten Pflanze müssen auch hier gut zusammenpassen. Wird Ausrangiertes verwendet, muss man sich auch noch über die begrenzte Haltbarkeit des Materials Gedan-

## Materialien für frei stehende, temporäre Kletterhilfen

| Materialien | Form der Kletterhilfe | Bemerkungen |
|---|---|---|
| Ruten von Weiden, Hasel, Hartriegel | Pyramide, Obelisk, Tipi, Iglu, umgedrehter Korb, Reuse, Figur | können ohne Verankerung aufgestellt werden; für die Querstreben biegsame dünne Ruten einflechten (Weidenruten können bei Bodenkontakt wurzeln und austreiben!) |
| Bohnenstangen, Bambusstäbe, Leitern, Standleiter | Obelisk, Dreifuß, Pergola, Laubengang | müssen gut im Boden verankert werden, mit Querstreben aus Holz und nichtrostenden Schrauben oder Nägeln verbinden, Holz durch Anstrich schützen, Erdkontakt vermeiden |
| Seile, Schläuche, Netze oder Drähte an Pfosten | Zelt, Iglu, Spinnennetz (-sektor), Laube, Laubengang | Pfosten gut verankern, Seile immer aus Kunststoff wie Nylon (Naturmaterialien längen sich bei Nässe und verrotten schnell), Drähte verzinkt oder aus Edelstahl |
| Drahtgitter (verzinkt) | Pyramide, Tipi, Iglu, umgedrehter Korb, Reuse, Skulptur | mit Bodenankern oder Zelthaken festhalten (sehr leichtes Material) |
| ausrangierte, langstielige Gartengeräte | Obelisk, Dreifuß, Pyramide | Verletzungsgefahr an Hacken, Harken und anderen Werkzeugen beachten, nach innen drehen |
| ausrangierte Fensterrahmen und -gitter, Bettgitter, Tore und Zaunelemente | zwischen Pfosten als Sichtschutz, mit Seilen darüber auch als Laubengang, Laube u. a. | bei Holz Pfostenschuhe verwenden; bei Metall gegebenenfalls Rostschutzfarbe verwenden oder bewusst rosten lassen |
| gemauerte Pfosten | Obelisk, Tor, Laubengang | mit Gittern oder gespannten Seilen als Kletterhilfe ergänzen |
| Reisigstapel, Totholzhaufen | länglich zwischen Pfostenreihen aufgeschichtet oder rundlich als Haufen | als Sichtschutz oder Naturelement, kann trotz Begrünung immer wieder ergänzt werden |
| Brennholzstapel, Palettenturm | zum Turm gestapelt (nicht höher als 150 cm) | als begrüntes Tierquartier mit zahlreichen Hohlräumen |

ken machen. Hier eignen sich am besten ausdauernde Kletterpflanzen, die man nach einigen Jahren einfach ablösen und an ein neues Klettergerüst anheften kann. Oder solche Pflanzen, die man bis knapp über den Boden abschneiden kann und die schnell wieder austreiben (beispielsweise Hopfen). Am unkompliziertesten sind aber einjährige Kletterpflanzen, die zudem bei jährlichem Art- und Sortenwechsel immer wieder neue Bilder entstehen lassen.

**Tipp** *Zum Zusammenbinden der Kletterhilfe sollten Sie immer nicht verrottende Materialien aus Kunststoff verwenden, wie z. B. Nylonseile. Seile aus Naturmaterialien, z. B. Kokosstricke, sind zwar dekorativer, verrotten aber nach einigen Jahren. Nur für einjährige Kletterer und Hopfen sind sie gut geeignet. Zum Montieren improvisierter, kleiner und kurzlebiger Rankhilfen aus Ruten kann man auch Rebendraht verwenden.*

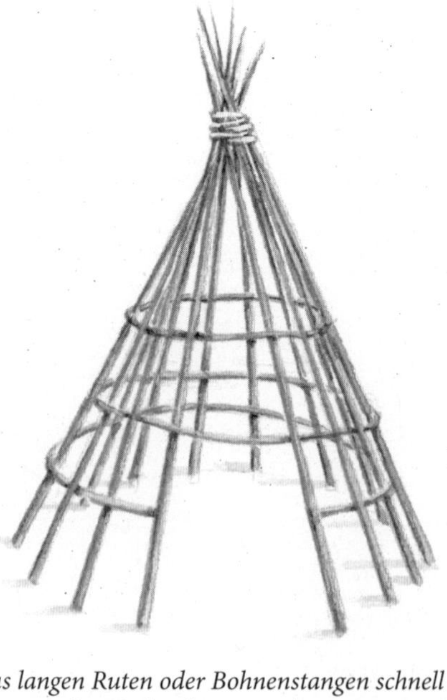

*Solch ein Tipi kann aus langen Ruten oder Bohnenstangen schnell aufgestellt werden und begrünt als »Wigwam« für Kinder dienen, wenn man einen Eingang offen lässt.*

# Laube und Pergola begrünen

Die Konstruktion und Begrünung einer frei stehenden Pergola erfordert mehr Sachkenntnis als die eines kleinen Unterstands. Sie muss auf alle Fälle mit Betonfundamenten im Boden verankert werden. Die Pfosten werden so in Pfostenschuhe geschraubt, dass das Holz keinen Bodenkontakt hat und immer wieder abtrocknen kann (konstruktiver Holzschutz).

Für eine einfache Pergola kann man auf Bausätze zurückgreifen. Hier gibt es oftmals auch passende Gitterelemente, die nicht nur Sichtschutz und Rankhilfe bieten, sondern auch zum Aussteifen der Konstruktion nötig sind.

Das Dach kann offen bleiben oder gedeckt werden. Ein gedecktes Dach schützt die Holzkonstruktion gegen Nässe und macht die Pergola wesentlich länger haltbar. Viele Kletterpflanzen werden auch über die Dachpappe wachsen und sie so verdecken. Ins Pflanzbeet abgeleitetes Dachwasser sichert dabei die Bewässerung. Eine mit etwas Abstand montierte Baustahlmatte oder ein grobes Netz aus Nylon bieten den Pflanzen auf der Dachpappe Halt.

Die Reiter einer ungedeckten Pergola können mit Streifen aus Dachpappe oder Blechen (verzinkt, Kupfer) abgedeckt werden. Oder man verwendet einen möglichst ungiftigen Schutzanstrich bzw. gegen Nässe resistentes Holz (Eiche, Lärche, Robinie). Auch eine Kombination aus Holzpfosten und Querstreben aus Metallrohren ist möglich und sieht weniger wuchtig aus als eine reine Holzkonstruktion.

Die Bepflanzung der Pergola erfolgt immer von den Außenseiten, damit der Innenraum von den Pflanzen nicht unnötig eingeschränkt wird.

Ein nicht mehr benötigtes Schaukelgerüst der Kinder kann man ebenfalls zur Pergola umfunktionieren. Oder man bildet aus einem Netz, aus Bohnenstangen oder Weidenzweigen eine Rückwand und lässt Kletterpflanzen daran wachsen. Eine hübsche Bank daruntergestellt – fertig ist der kleine, geschützte Sitzplatz.

Ebenso kann man ausgediente Spielhäuser der Kinder, aber auch einen selten genutzten Gartenschuppen und Unterstände beranken.

Hier darf es üppig und unkontrolliert wachsen und auch das Dach kann in die Begrünung miteinbezogen werden. Bei Bedarf schneidet man sich einfach den Zugang frei, wobei man unbedingt auf tierische »Untermieter« achten sollte. Alle Pflanzenteile sollten ungiftig sein, solange noch kleine Kinder im Garten spielen. Ebenso muss man kontrollieren, dass die Kletterpflanze von hier aus keine Bäume, Sträucher und Hecken erobert. Bricht die Hütte aus Altersgründen irgendwann zusammen, ist kein Schaden entstanden. Die meisten Klettergehölze können dann durch einen Schnitt verjüngt werden und an einer neuen Kletterhilfe wieder emporklimmen.

### Geeignete Kletterpflanzen für kleine Schuppen und Spielhäuser

Für kleine Schuppen und Spielhäuser, die noch genutzt werden, eignen sich schwach bis mittelstark wachsende, ungiftige Klettergehölze wie die Italienische Waldrebe *(Clematis viticella)*, die Orientalische Waldrebe *(Clematis orientalis)*, Jelängerjelieber *(Lonicera caprifolium)* und Wald-Geißblatt *(Lonicera periclymenum)*. Sie vertragen auch einmal einen abgerissenen Trieb und einen stärkeren Rückschnitt nach Bedarf. Als ausdauernde Staude eignet sich die Breitblättrige Platterbse *(Lathyrus latifolius)*.

Spielhäuser und Schuppen, die nicht mehr genutzt werden, können auch mit stacheligen Kletterern wie der Moschus-Rose *(Rosa moschata)* und Brombeeren *(Rubus)* begrünt werden.

Nur wenige Stacheln hat die Rambler-Rose 'Lykkefund' und ist deshalb auch für größere, genutzte Spielhäuser oder Baumhäuser geeignet.

**Tipp** *Nicht mehr genutzte Baumhäuser werden wie Gehölze berankt, wenn man die geeigneten Kletterpflanzen an den Pfosten emporklimmen lässt.*

# Kletterpflanzen in Bäumen und Sträuchern

Sollen Bäume oder Sträucher mit einer Kletterpflanze berankt werden, erfordert das einige Vorüberlegungen, damit die Anforderungen beider Pflanzen erfüllt werden. Denn Blühzeiten, Blütenfarben und Wuchsfreudigkeit müssen ebenso aufeinander abgestimmt werden wie Schnittzeitpunkt und Standortbedingungen. Alte Obstbäume erhalten mit einer passenden Kletterpflanze neuen Blütenflor und sogar Nadelbäume lassen sich beranken.

Die Kletterpflanze leitet man mit einer Leiter, einem Reisigbündel, Seilen aus Kokosfasern oder anderen temporären Rankhilfen zu den Ästen des Baumes hin. Die Seile kann man mit Schraubankern im Boden befestigen oder an großen Steinen festbinden. Holzkonstruktionen werden mit Einschlagankern im Boden festgemacht. Sind die Kletterpflanzen an den Ästen angekommen, kann man die Kletterhilfen auch wieder entfernen.

Kletterpflanzen können aber auch in älteren Hecken wachsen. Immergrüne Hecken lassen sich mit einer an den Fuß der Hecke gepflanzten, blühenden Kletterpflanze verzaubern, wenn man sie erst nach deren Blüte schneidet. Früh blühende Laubhecken erhalten durch spät blühende Kletterpflanzen einen zweiten Blütenflor. Aber auch kontrastierende Laubfarben haben hier einen besonderen Reiz. Frei wachsende Hecken kann man alle paar Jahre zusammen mit stark wachsenden Kletterpflanzen abschnittsweise tief abschneiden (»auf den Stock setzen«).

Die Konkurrenz um Wasser und Nährstoffe zwischen Gehölz und Kletterpflanze lässt sich umgehen, wenn man die Kletterpflanze in ausreichendem Abstand in eine große Grube pflanzt, ohne die Wurzeln des Baumes oder Strauchs dabei zu beschädigen. Die Pflanzgrube wird mit guter Pflanzerde gefüllt, mit Hornspänen als Langzeitdünger angereichert oder alternativ jedes Jahr mit einem organischen Volldünger gedüngt. Die Pflanzfläche sollte, wie die gesamte Hecke am Fuß, immer mit Laub oder Holzhäcksel gemulcht werden. Frisch Gepflanztes wird wie alle Gehölze direkt nach der Pflanzung und im ersten Jahr, besonders im Sommer, gut gewässert.

## Absterbende Gehölze sichern

Auch gekappte oder abgestorbene Bäume lassen sich begrünen, solange sie noch standsicher sind. Besonders schön sind hier reich blühende Clematis-Arten und Kletter-Rosen. Doch auch der immergrüne Selbstklimmer Efeu entfaltet in einem Baum seinen Reiz und bietet zudem noch einen Sichtschutz.

Vor dem Begrünen sollte man den Baum in die gewünschte Höhe und Form schneiden. Gekappte Spitzen und Aststummel sind aber auch Einfallstore für Pilze und Bakterien, sodass die meisten Baumarten nach einigen Jahren von innen verfaulen und plötzlich umfallen können. Deshalb sollte man ihre Standfestigkeit mehrmals im Jahr kontrollieren und gegebenenfalls durch eine Stützkonstruktion sichern. Diese kann dann nach dem Umfallen des Baums noch als Stütze für die Kletterpflanze dienen.

*Kletter-Rosen und Rambler können mit einer Leiter oder einem Dreifuß aus Pfosten in den Baum geleitet werden.*

# Kletterpflanzen richtig pflegen

Kletterpflanzen werden in Gärtnereien und Baumschulen, aber auch in vielen Gartencentern angeboten. Dort beeindrucken sie durch lange Triebe, meist auch erste Blüten sowie ein buntes Etikett. Doch üppige Blüten und bunte Bilder sollten nicht zum Kauf verführen, denn andere Qualitätsmerkmale sind entscheidend für ein gutes Gelingen.

So sollte die Pflanze gut verzweigt sein und vor März lediglich Blütenansätze haben. Man kann die Pflanzen zwar zu jeder Zeit einpflanzen, da sie im Topf verkauft werden, doch sollten sie vorher auch abgehärtet werden, besonders wenn sie in einem Gewächshaus vorgetrieben wurden. Eine Pflanzung im zeitigen Frühjahr und späten Herbst ist einer Sommerpflanzung immer vorzuziehen, da die Pflanzen nur dann ausreichend Zeit haben, genügend Wurzeln zu bilden.

Der Wurzelballen ist beim Pflanzenkauf ein weiteres Qualitätskriterium. Er muss gut verzweigt sein und viele Feinwurzeln zeigen. Pflanzen, die beim Züchter viel gedüngt und gewässert wurden, sind zwar oberirdisch gut entwickelt, haben meist aber kümmerliche Wurzeln, die es im Garten schwer haben, genügend Wasser aufzunehmen.

Klettergehölze kauft man am besten bei einer Baumschule oder in einer Gärtnerei. Der Fachhandel wird auch besser beraten, welche Pflanze sich für welchen Standort eignet und wie man sie im ersten Jahr nach der Pflanzung richtig schützt und pflegt, damit sie gut anwächst. Auch ausgefallene Arten und Sorten von Züchtern kann man hier bekommen oder man bestellt sie selbst beim Züchter als Versandware.

Das dritte Qualitätskriterium ist die Herkunft. Kletterpflanzen werden zwar von manchen Baumschulen und Gärtnereien selbst vermehrt, doch das sagt noch nichts über ihre Herkunft aus, da das Saatgut zugekauft wird. Wer heimische Pflanzen in seinem Garten bevorzugt, muss sich daher an eine Gärtnerei wenden, die Herkunftsnachweise führt.

Wie die vorausgegangenen Kapitel gezeigt haben, sind viele Insekten längst an ungefüllte Sorten von heimischen und eingebürgerten Kletterpflanzen mit Nektar- und Pollenangebot angepasst. Vermeiden sollte man aber invasive Arten, die beim Verwildern in der Umgebung einheimische Arten verdrängen können, z. B. den Schling-Flügelknöterich.

## Gut gepflanzt ist halb gepflegt

Damit nach der Pflanzung rasch weitere Wurzeln gebildet werden, stellt man den Topf mit der Kletterpflanze vor dem Einpflanzen für etwa eine Stunde in einen Eimer mit Wasser, damit er sich vollsaugen kann. So lässt sich der Wurzelballen auch später besser aus dem Topf lösen.

In der Zwischenzeit kann man das Pflanzloch ausheben. Es muss deutlich größer und tiefer ausgehoben und (außer bei Kletter-Rosen) mit guter, humoser Erde, z. B. Rindenhumus oder einer humosen Mischung aus Gartenerde und Kompost, gefüllt werden. Kletter-Rosen mögen eher lehmigen Boden, den man z. B. durch Ergänzen der Gartenerde mit 50 Gramm Bentonitgranulat pro 10 Liter herstellen kann.

Zum Austopfen drückt man den Topf rundum etwas zusammen und zieht die Pflanze dann vorsichtig heraus, ohne dabei Triebe abzubrechen. Den Stab lässt man am besten an der Pflanze, denn so lässt sie sich besser einpflanzen.

Der Wurzelballen wird anschließend schräg in das Pflanzloch gelegt, sodass die Triebe in Richtung der Kletterhilfe zeigen (siehe Abbildung auf der nächsten Seite). Dann wird das Pflanzloch mit passender Erde aufgefüllt. Die Erde verdichtet man rund um den Wurzelballen, ohne den Wurzelballen zu drücken. Nach dem Pflanzen schlämmt man die Erde rund um den Wurzelballen gut ein und füllt weitere Erde zusammen mit einer Handschaufel voll Hornspänen als Langzeitdünger auf, bis nur noch ein etwa 3 Zentimeter tiefer Gießrand verbleibt. Wer keine Hornspäne verwenden möchte, kann auf Düngepellets zurückgreifen, die aus organischen Stoffen hergestellt werden. Diese zersetzen sich aber schneller als Hornspäne, sodass man sie besser obenauf streut, bevor man die Fläche mulcht. Nach dem neuerlichen Angießen sollte die Fläche gut mit Holzhäcksel oder Laub gemulcht werden. Man kann aber auch eine Scheibe aus Kokosfasern oder dicke Pappe dafür verwenden.

Die mitgelieferten Stäbe der Kletterpflanze sollte man erst dann vorsichtig entfernen, wenn die Triebe die Kletterhilfe erreicht haben. Dazu schneidet man die elastischen Bindematerialien einfach durch. Ist der Abstand zur Kletterhilfe groß, muss man vorerst weitere Hilfskonstruktionen zwischen Pflanze und Kletterhilfe stellen oder spannen, bis die Triebe lang und fest genug an der eigentlichen Kletterhilfe bzw. dem Untergrund verankert sind. Dazu kann man bei größeren Abständen für Schlinger einzelne Stäbe oder Seile, für Ranker ein kleines Klettergestell oder selbst geknüpftes Netz nutzen. Sinnvoll sind Materialien, die nach einiger Zeit von selbst verrotten, z. B. Kokosseile für Netze oder Haselruten als Stäbe oder Gitter. Hat die Kletterpflanze die eigentliche Kletterhilfe erreicht, braucht man so die Hilfskonstruktion nicht wieder mühsam aus den umschlingenden Trieben zu lösen.

An sonnigen Standorten sollte man den Fuß der Pflanze zusätzlich schattieren, denn alle Kletterpflanzen, auch die sonnenhungrigsten, lieben kühle, feuchte »Füße«. Bei Clematis-Arten eignet sich dafür ein halber bzw. zerbrochener großer Tontopf, den man umgedreht etwas eingräbt und beim Gießen mitbefeuchtet. Man kann aber auch eine kleine, frei stehende Trockenmauer aus Steinen oder Holzscheiten aufschichten. Steinhaufen oder Holzstapel bieten so ganz nebenbei Verstecke für Kröten oder Eidechsen. Neben der Beschattung haben diese Maßnahmen auch den Vorteil, dass die Kletterpflanze nicht versehentlich zertreten wird.

*An der Hauswand müssen Abstand und Größe des Pflanzlochs großzügig bemessen werden. Eine Dränageschicht aus Kies am Boden des Pflanzlochs verhindert Staunässe. Ein zusätzliches Dränagerohr ermöglicht das Bewässern in die tieferen Erdschichten und verhindert, dass Erdteile an die Hauswand gespült werden. Dränagekies schützt die Wand vor Feuchtigkeit.*

## Perfekte Kübelbepflanzung

Pflanzkübel für Klettergehölze sollten mindestens 20 Liter Erdvolumen fassen, besser noch mehr. Die Größe des Kübels sollte von Anfang an auf die geplante Höhe und Breite der Kletterpflanze abgestimmt werden, denn ein Umtopfen ist nur schwer möglich. Die unteren 5 bis 10 Zentimeter im Kübel sind einer Dränageschicht vorbehalten, die verhindern soll, dass Staunässe entsteht. Das Abzugsloch überdeckt man mit einem Stück Dränagevlies oder einem Stück Vliesstoff, bevor Tonkügelchen, Kies oder ein anderes mineralisches Schüttgut eingefüllt werden. Darüber sollte man eine weitere Vlieslage breiten und erst dann die humose Substratmischung in den Kübel füllen. Die Vliese verhindern zum einen, dass die Wurzeln durch das Abzugsloch wachsen, zum anderen die Durchmischung von Dränagematerial und Erde. Außerdem werden beim Gießen keine Substratteilchen ausgespült und das auslaufende Wasser ist klarer.

Die Bepflanzung erfolgt dann wie beim Pflanzen in die Erde. Als Substrate eignen sich humose Erden bzw. fertige Pflanzerde ohne Torfanteil. Man belässt einen mindestens 3, besser 5 Zentimeter hohen Rand für eine dicke Mulchdecke und als Gießrand.

Die Kübel müssen so stehen, dass sie Schatten haben, die Kletterpflanze aber in die Sonne wachsen kann. Am besten stellt man einige andere, mit Stauden oder Sommerblumen bepflanzte Kübel davor. Je dickwandiger das Gefäß, desto besser ist der Wurzelballen im Sommer vor zu viel Hitze und im Winter vor Kälte geschützt. Falls am Standort Frost droht, packt man den Kübel gut von allen Seiten mit isolierendem Material ein. Das Isoliermaterial darf aber nicht nass werden. Ab Mai müssen Klettergehölze im Kübel vorsichtig, im Sommer dann regelmäßig gedüngt werden, will man eine üppige Blüte haben. Die Erde darf niemals austrocknen, aber zu nass soll es auch nicht sein.

**Tipp** *Je größer der Kübel, desto wohler fühlen sich die Pflanzen und stecken auch Witterungsumschwünge und Pflegefehler besser weg. Vergrößert man das Abzugsloch und verzichtet auf seine Abdeckung, können die Wurzeln auch in den offenen Boden unter dem Kübel wachsen.*

# Sorgfalt beim Anbinden

Spreizklimmer wie Rosen und Winter-Jasmin sowie Spalierobst müssen mit geeignetem Material am Klettergerüst angebunden werden. Das Material muss elastisch, ausdauernd und weich zugleich sein, denn das Dickenwachstum der Triebe muss ohne Einschneiden möglich sein. Auch dürfen sich die Triebe im Wind nicht wund scheuern. Für Weinreben eignet sich papierummantelter Rebendraht, für anderes Spalierobst gibt es spezielles elastisches Material aus Kunststoff. Bindematerial (siehe dazu auch die Tabelle auf Seite 152) bekommt man im Fachhandel, auch über das Internet und in gut sortierten Gartenabteilungen von Baumärkten.

Auch Selbstklimmer wie Efeu müssen manchmal an der neuen Unterlage festgebunden werden, damit sie hier in Ruhe Haftorgane ausbilden können, die auch dem Wind standhalten. Besonders an hellen Putzen können sie sich von der Unterlage abwenden, da die Haftorgane das Licht fliehen. Ein einfaches Klettergerüst, wie ein Drahtgitter, kann den ersten Trieben helfen, an der Wand Halt zu finden. Man steckt sie dazu einfach in die gewünschten Richtungen hinter die Gitterstäbe. Oder man presst die Triebe mittels an die Wand gelehnter Platten, Bohlen oder Paletten an die Wand, bis sie von selbst Halt gefunden haben.

An Holzfassaden kann man auch kleine Schraubösen und dazwischen gespannte Drähte oder Kokosstricke verwenden, um die ersten Triebe zu leiten. In der Regel finden Selbstklimmer aber von selbst an die Wand, wenn sie davor gepflanzt werden.

**Tipp** *Beim Anbinden und Einflechten der Triebe sollten Sie unbedingt die Drehrichtung berücksichtigen! Achten Sie bei den Schlingern auf rechts- und linksdrehende Arten, wenn Sie die Triebe um die neue Kletterhilfe drehen. Dasselbe gilt für die zarten Ranken der Ranker.*

## Material zum Anbinden im Überblick

| Bindematerial | Beschreibung | Geeignete Pflanzen | Passende Kletterhilfen |
|---|---|---|---|
| Klettbinder | nicht dehnbare Klettbänder zum Nachstellen | alle Kletterpflanzen und Gehölze | Drahtseile, Metallgitter und Holzgerüste |
| Kokosstrick | Seile aus Kokosfasern, verrotten schnell | Kletterstauden, vorübergehendes Festbinden oder Rückschnitt mitsamt dem Strick | alle Materialien |
| Draht, Rebendraht | rostende(!) Drähte ohne oder mit Papierummantelung | zarte Kletterpflanzen ohne Windbelastung, Weinreben | nur Holzgerüste, nicht an anderen Metallen (auch Edelstahl) verwenden |
| Elastoschnur | elastische Hohlschnur aus Kunststoff, 4 – 8 mm dick | für alle grünen und verholzende Triebe | Drahtseile, Metallgitter und Holzgerüste |
| Weichgummibinder, Bandage-Baumbinder | breite Gummibänder in unterschiedlichen Stärken | Spalierobst und Glyzinen sowie Bäume | Drahtseile, Metallgitter und Holzgerüste |

*Starkwüchsige Kletterer müssen schonend an den Gerüsten festgebunden werden. Das Dickenwachstum darf nicht behindert werden und die Triebe sollen sich bei Wind nicht am Rankgitter wund scheuern.*

# Wässern, Düngen und Mulchen

In den ersten Jahren ist bei der Pflege der Pflanzen das Wässern die wichtigste Maßnahme. Im Regenschatten von Gebäuden muss von Frühjahr bis Herbst reichlich und bei Immergrünen auch im Winter gegossen werden. Nach einigen Jahren sind die Wurzeln jedoch unterirdisch aus dem Regenschatten hinausgewachsen und man muss nur noch in trockenen Phasen gießen. Klettergehölze, die im gewachsenen, humosen Boden wurzeln und genügend Wurzelraum bei geringer Konkurrenz durch andere Gehölze haben, muss man ab dem zweiten oder dritten Standjahr nicht mehr düngen. Bei genügend Niederschlag ist auch eine zusätzliche Bewässerung nicht nötig.

Verwendet man bei der Pflanzung Hornspäne als Langzeitdünger, reicht deren Wirkung zwei bis drei Jahre. Hornmehl, Düngepellets und Kompost düngen meist nur ein Jahr, müssen also im zweiten und dritten Jahr nochmals auf das Pflanzbeet gegeben und mit Mulchmaterial abgedeckt werden. Ist die Kletterpflanze groß geworden, sollte man sie nur düngen, wenn sie nicht mehr üppig wächst, keine Blüten bildet oder durch verfärbte Blätter Mangelerscheinungen zeigt. Zu viel Dünger und schnell wirkender Dünger sind aber nicht wünschenswert, damit die Pflanze nicht zu sehr »ins Kraut schießt« und man mit dem Schneiden nicht mehr hinterherkommt. Außerdem fördert ein Zuviel an Dünger das schnelle Wachstum der Blätter, die damit weich und anfällig für stechende und saugende Insekten wie Blattwanzen und Blattläuse werden.

Schädlingsbefall kommt an trockenresistenten, heimischen Pflanzen nur sehr selten vor. Nur alle Geißblatt-Arten bekommen regelmäßig Blattläuse, was aber nicht beunruhigend ist. Die Blattläuse werden gerne von den verschiedensten Nützlingen wie Marienkäfern und Florfliegenlarven verspeist. Und viele Singvögel, besonders Meisen, schätzen die Läuse als erste Bissen für ihre Jungen. Irgendwann sind die Läuse dann genauso schnell wieder weg, wie sie gekommen sind. Sehr starker Läusebefall kann aber auch ein Zeichen von falschem Standort, von Trockenheit oder zu starkem Düngen sein.

Häufiger ist ein Befall mit dem Falschen Mehltau, z. B. an Rosen und Geißblatt, der auf einen falschen Standort hinweist. Pflanzen aus südlicheren Gefilden vertragen meist keinen häufigen Regen, daher ist es besser, wenn sie an trockeneren Plätzen stehen. Dort und an windigen Stellen sind sie besser vor Pilzbefall, besonders dem Echten Mehltau, geschützt.

Das Mulchen der Pflanzfläche ist immer sinnvoll, denn es hält den Boden gleichmäßig feucht. Kletterpflanzen, die an Waldrändern heimisch sind, mulcht man mit Laub und/oder Holzhäcksel. Rindenmulch wird (außer von Kletter-Hortensien) nur von älteren Pflanzen und in kleinen Mengen vertragen, denn er versauert den Boden. Beim Verrotten verbrauchen alle organischen Mulchmaterialien Stickstoff, weshalb eine Langzeitdüngung mit Hornspänen unter der Mulchschicht sinnvoll ist. Man kann aber auch alternativ mit reifem und halb reifem Kompost mulchen und dabei die Pflanze gleichzeitig düngen.

Mulchscheiben aus Pappe oder Kokosfasern sowie Unkrautvliese halten den Boden ebenfalls feucht und verhindern das Aufkommen von unerwünschten Wildkräutern, die besonders frisch gepflanzten Kletterpflanzen Konkurrenz machen. Aber auch mineralische Schüttgüter wie Sand, Splitt und Kies sowie größere, locker gelegte Schieferplatten erhalten die Bodenfeuchte und verhindern, dass Bodenteilchen an die Fassade spritzen. Auch hier ist es sinnvoll, ein Unkrautvlies darunterzulegen.

Die Pflanzbeete älterer, tiefwurzelnder und gut eingewachsener Kletterpflanzen können auch mit Bodendeckern begrünt werden. Niedrige und flach wurzelnde, schattenverträgliche Stauden, die wenig Wasser benötigen, wie Wald-Erdbeeren, eignen sich besonders gut.

**Tipp** *In Kübel gepflanzte Kletterpflanzen sind Intensivbegrünungen, da sie hier regelmäßig Wasser und Dünger benötigen. Auch einjährige Kletterpflanzen, die schnell wachsen sollen, müssen regelmäßig gedüngt werden. Dasselbe gilt, wenn man einen hohen Ertrag an Obst (z. B. Kiwis) ernten möchte. Eine Mulchschicht auf der Kübelerde ist auch hier sehr nützlich.*

# Klettergehölze richtig schneiden

Winterharte Klettergehölze können zu unterschiedlichen Jahreszeiten geschnitten werden. Je nach Schnittzeitpunkt reagieren die Pflanzen aber sehr unterschiedlich auf das Kürzen der Triebe. Welche Art bzw. Sorte wann geschnitten werden muss, kann hier aus Platzgründen nicht für alle Arten und Sorten aufgeführt werden. Vor dem Kauf sollte man sich genau beraten lassen und das Pflanzenetikett unbedingt aufheben, denn dort ist der Schnittzeitpunkt in den meisten Fällen vermerkt. Wie bei anderen blühenden Gehölzen achtet man auch hier auf die Blühzeiten und darauf, ob die Pflanze am diesjährigen oder vorjährigen Trieb Blütenknospen bildet.

Allgemein kann man sich an folgende Regeln halten:

- ▷ Frühjahrsblüher haben ihre Knospen bereits im Vorjahr entwickelt. Ein Winterschnitt würde die Blüten entfernen. Deshalb schneidet man hier grundsätzlich nach der Blüte.
- ▷ Bei den Sommerblühern wachsen die Knospen erst im Frühjahr des gleichen Jahres, sodass hier ein Winterschnitt keinen Schaden anrichtet. Oft wird auf diese Weise sogar die Blütenfülle angeregt.
- ▷ Klettergehölze mit Beeren für Vögel sollte man erst am Ende des Winters bzw. Anfang des Frühjahrs schneiden, wenn die Beeren gefressen wurden. Mit Rücksicht auf brütende Vögel schneidet man generell viele Kletterpflanzen erst nach Ende der Brutzeit.
- ▷ Bei Rosen werden gerne aus optischen Gründen die verblühten Blütenköpfe abgeschnitten. Bei sterilen, gefüllten Sorten mag das angehen, bei fertilen, halb und nicht gefüllten Sorten sollte man darauf verzichten, damit sich Hagebutten entwickeln können. Diese sind nicht nur eine Augenweide im Herbst und Winter, sie dienen auch zahlreichen Vögeln und Kleinsäugern als Nahrung (siehe auch Seite 105).

Wo immer möglich, sollte man auf den Schnitt verzichten und die Pflanzen natürlich wachsen lassen. Nur wenn der Platz nicht reicht, die Pflanze überaltert und blühfaul ist, Krankheiten auftauchen, die Reparatur des Spaliers es erfordert oder man Obst ernten möchte, greift man zum richtigen Zeitpunkt zur Schere.

## Die Schnittarten

Bei allen Schnittarbeiten kommt es also darauf an, was man mit dem Schnitt erreichen möchte. Soll die Blütenfülle im nächsten Jahr erhöht werden? Oder ist die Pflanze zu üppig geworden? Das sind nur zwei Möglichkeiten, die jedoch ganz unterschiedliches Vorgehen erfordern. Deshalb im Folgenden die wichtigsten Gründe für Schnittmaßnahmen, deren Zeitpunkt man aber möglichst auf die jeweilige Art bzw. Sorte der Kletterpflanze abstimmen sollte. Man unterscheidet dabei mehrere Schnittarten, die zu unterschiedlichen Jahreszeiten und Zwecken ausgeführt werden:

- Der **Auslichtungsschnitt** wird am Ende des Winters (März – April), jedoch noch vor dem Nestbau der Singvögel ausgeführt. Hier kürzt man zu lang gewordene Triebe ein, schneidet abgestorbene Zweige heraus oder kürzt Seitentriebe ein. Dabei orientiert man sich an den sichtbaren Knospen des Triebes und schneidet ihn etwa 3 Millimeter oberhalb der Knospe ab. Schnittziel ist die Begrenzung des Wachstums bei gleichzeitiger Förderung der Verzweigung. Vor allem starkwüchsige Arten wie der Blauregen brauchen einen regelmäßigen Auslichtungsschnitt, damit sich die vielen Triebe nicht umeinanderschlingen.

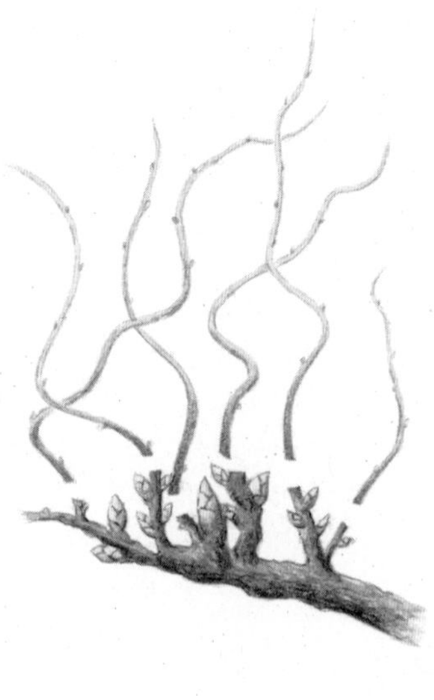

*Die langen Triebe der Glyzinen werden im Spätwinter so zurückgeschnitten, dass die Blütenknospen an den vorjährigen Kurztrieben stehenbleiben.*

- ▷ Der **Sommerschnitt** dient meistens der Vermehrung der Blütenfülle bei früh blühenden Arten und Sorten und gleichzeitig der Eindämmung des vegetativen Wachstums. So kann man auch öfter blühende Rosen zu einer zweiten Blüte anregen. Manche Obstarten wie Pfirsiche werden nach der Blüte auf die gewünschte Zahl der Fruchtstände eingekürzt, um weniger und dafür größere Früchte zu erhalten.
- ▷ Der **Formschnitt** kommt besonders bei Selbstklimmern zum Tragen. An Hausfassaden muss man deren Triebe regelmäßig unter der Dachkante sowie rund um Fenster und Türen einkürzen. Diese Arbeiten sollten von Herbst bis April ausgeführt werden, also außerhalb der Brutsaison der Vögel. Bei der Altersform des Efeus werden dann leider die im Winter bei den Vögeln beliebten Beeren mit entfernt. Hier muss man auch die Dicke des grünen Pelzes im Auge behalten, denn zu schwer gewordene Pflanzen können als ganze Matte mitsamt dem alten Putz von der Wand abfallen.

  Für den Formschnitt großer Pflanzen ist eine elektrisch betriebene Heckenschere gut geeignet. Nur beim Wilden Wein wartet man den Blattfall ab und löst die störenden haftenden Triebe mit ab. Hier arbeitet man besser mit einer guten Handschere.

  Auch an frei stehenden Kletterhilfen wie Zäunen und Sichtschutzwänden kann man den Formschnitt gut mit einer Heckenschere ausführen. Für kleinere Flächen und weiche Triebe sind aber Hand-Heckenscheren ausreichend, größere Flächen und ältere, harte Triebe können mit einer Akku-Heckenschere bearbeitet werden.
- ▷ Von **Verjüngungsschnitt** spricht man, wenn alte, zu groß und schwer gewordene Kletterpflanzen mit einem gekonnt ausgeführten Schnitt bis auf den Stamm heruntergeschnitten werden. Dafür ist die beste Zeit von Januar bis Februar.

  Bei dickeren Stämmen und Seitenästen braucht man dazu eine Handsäge, am besten eine kleine Klappsäge, mit der man auch an schwer zugänglichen Stellen arbeiten kann. Man verknüpft die Maßnahme am besten mit der Reparatur oder Erneuerung der Kletterhilfe bzw. bei Selbstklimmern des Haftgrunds. In den nächsten Jahren müssen die zahlreichen neuen Triebe mit der Handschere

reduziert, gekürzt und gegebenenfalls auch durch Anbinden gelenkt werden.
Auch altes, vernachlässigtes Spalierobst muss gegebenenfalls verjüngt werden, doch sollte man diese Maßnahme besser Fachleuten überlassen, um die wertvollen Pflanzen damit nicht ungewollt zum Absterben zu bringen.

- Ein **Radikalschnitt** kann nötig werden, wenn ein Klettergerüst baufällig geworden ist oder eine Fassade renoviert werden muss. Man schneidet dazu die Kletterpflanze bis auf den Stamm bzw. wenige verholzte Triebe herunter. Dies vertragen die meisten Klettergehölze und treiben danach wieder neu aus. Die anschließend erscheinenden jungen Triebe müssen dann gegebenenfalls reduziert und an der renovierten Unterlage hochgeleitet und festgebunden werden.
Wenn irgend möglich, verzichtet man auf den Radikalschnitt und löst die Kletterpflanze von der Unterlage ab. Dann legt man sie so auf den Boden, dass beim Renovieren niemand darüber läuft. Noch besser geeignet sind ein eingeschlagener Pfosten oder ein provisorisches Klettergerüst, an die man die Pflanze bindet. Beim Renovieren sind alkalische Putzreste im Pflanzbeet unbedingt zu vermeiden. Die Blätter kann man vor Farbspritzern schützen, indem man die verbliebenen Triebe mit einem Gemüsevlies umwickelt.

Überlegen Sie immer erst, warum Sie die Kletterpflanze schneiden möchten, was also das Schnittziel ist, und leiten Sie dann die richtige Schnittmaßnahme zum passenden Zeitpunkt ein. Zu welcher Zeit Ihre Kletterpflanze geschnitten werden muss, entnehmen Sie dem Pflegeetikett oder lassen sich vom Züchter bzw. der Baumschule beraten. Nicht nur die Arten werden unterschiedlich geschnitten, auch für deren Sorten und Hybriden gibt es unterschiedliche Empfehlungen, die von den Blühzeiten und dem Wuchsverhalten der Pflanzen abhängen.

**Tipp** *Bitte prüfen Sie vor allen Schnittmaßnahmen, ob sich brütende Vögel oder schlafende Kleinsäuger im dichten Geäst der Kletterpflanzen befinden. Verschieben Sie die Schnittarbeiten, wenn nötig.*

## Gründe für den Pflanzenschnitt

| Gewünschter Effekt | Schnittmaßnahme | Zeitpunkt |
|---|---|---|
| Fördern der Blühfreudigkeit oder der Nachblüte | Sommerschnitt | früh blühende Pflanzen nach der 1. Blüte, spät blühende vor dem Austrieb im Frühjahr (März) |
| Spalier- oder Formerziehung | Formschnitt, Erziehungsschnitt | Ende Februar bis März, z. B. bei Wein, Spalierobst |
| Förderung der Fruchtbildung | Erziehungsschnitt | im Sommer bzw. nach der Ernte |
| Entfernen abgestorbener oder kranker Triebe | Auslichtungsschnitt, Krankheitsvorbeugung | jederzeit |
| Verjüngung alter Pflanzen | Verjüngungsschnitt | Januar bis Februar an möglichst frostfreien Tagen |
| Förderung einer reichen Verzweigung und des dichteren Wuchses | Auslichtungsschnitt | Dezember bis März, möglichst vor Nestbau und Brutzeit |
| Freihalten von Fenstern und anderen Fassadenelementen | Formschnitt | jederzeit, aber Brutzeit beachten |
| Begrenzung der begrünten Fläche bzw. des Überhangs | Formschnitt | jederzeit, mit Rücksicht auf brütende Vögel und andere Tiere |
| Renovierungen ermöglichen | Radikalschnitt | jederzeit, mit Rücksicht auf brütende Vögel und andere Tiere |
| Vertrocknete Stauden (Hopfen, Bohnen) abschneiden | Radikalschnitt mitsamt den Seilen | im Herbst, bis über den Boden |

**Tipp** *Die Schnittmaßnahmen im Winter sollten nur bei frostfreiem Wetter ausgeführt werden. Schneiden Sie möglichst bei trockenem Wetter, um dem Eindringen von Pilzsporen an der Schnittstelle und damit der Ausbreitung von Pilzkrankheiten vorzubeugen.*

## Sicherheit geht vor

Schnittarbeiten an kleinen Kletterpflanzen und Spalierobst lassen sich einfach und gefahrlos ausführen. Für den Kletterpflanzenschnitt an Fassaden braucht man gegebenenfalls eine Leiter, was immer auch mit Gefahren verbunden ist. Werden einige Grundregeln beachtet, wird das Schneiden sicherer:

- ▷ Stellen Sie die Leiter nur auf einem ebenen, trockenen Untergrund ab.
- ▷ Beachten Sie einen sicheren Anstellwinkel.
- ▷ Die angelehnte Leiter darf nicht seitlich wegrutschen (gegebenenfalls Dübel mit Ringschraube an der Fassade anbringen und Leiter daran festbinden).
- ▷ Ziehen Sie gute, rutschfeste Schuhe an, bei stacheligen Kletterpflanzen auch feste Handschuhe.
- ▷ Bei Verwendung elektrischer Heckenscheren muss das Kabel sicher geführt werden, damit man nicht versehentlich darauf tritt oder es gar anschneidet.
- ▷ Zum Transport von Handgeräten hat sich die Mitnahme eines Eimers bewährt, den man an einem Erntehaken an der Leiter aufhängen kann.
- ▷ Arbeiten Sie nur auf der Leiter, wenn Sie gesund sind und eine andere erwachsene Person zugegen ist!

*Gartenscheren sollten stets scharf sein und leicht in der Hand liegen. Linkshänder finden inzwischen auch passende Handscheren im Handel. Und auch besonders gelenkschonende Modelle (mit Rollgriff) werden angeboten.*

# Häufige Fragen zur Fassadenbegrünung

**1. Wird die Fassade (Putz, Anstrich) durch die Begrünung beschädigt?**
Die verbreitete Ansicht, dass eine Fassadenbegrünung den Putz zerstören könnte, ist nicht richtig. Nur dort, wo bereits Schäden vorhanden sind, nutzen selbstklimmende Pflanzen die auftretenden Unebenheiten als Kletterhilfen und beschleunigen damit die Erosion beschädigter Fassaden (siehe Seite 57). Unbeschädigte Fassaden werden dagegen durch eine fachgerechte Begrünung geschützt und halten dadurch länger.

Selbst nach vielen Jahren kann man eine Fassadenbegrünung wieder von der Wand lösen. Die Reste der Haftwurzeln bzw. Haftscheiben von Selbstklimmern kann man vom Putz abflämmen, falls man die Fassade neu verputzen oder streichen möchte.

**2. Müssen Holzfassade oder Pergola nicht regelmäßig gestrichen werden?**
Lasuren und andere Anstriche schützen Holzbauteile vor dem UV-Anteil des Sonnenlichts, besonders im Sommer. Durch eine Begrünung wird das Holz ebenso wirksam vor dem Vergrauen geschützt, sodass man hinter der Begrünung keinen Anstrich benötigt. Im Winter kommt bei der tiefer stehenden Sonne nur wenig UV-Licht durch die Atmosphäre, sodass der Blattfall kein Problem ist. Falls man auf einen Schutzanstrich nicht verzichten möchte, trägt man ihn vor der Begrünung auf.

**3. Können Kletterpflanzen Dachziegel anheben und das Dach so schädigen?**
Das gilt nur für Selbstklimmer, die unkontrolliert über die Dachkante wachsen. Alle Kletterpflanzen, die mithilfe eines passenden Gerüstes gelenkt werden, halten sich an dessen Maße. Dennoch sollte man beim Pflanzen starkwüchsiger Schlinger und Spreizklimmer einen Abstand von etwa 50 Zentimeter zur Dachkante einhalten, damit die Pflan-

zen mit ihren langen Trieben nicht von sich aus das Dach erobern. In dunkle Spalten zwängen sich nur die Haftwurzeln des Efeus, alle anderen Pflanzen bevorzugen das Licht und bleiben an der Oberfläche der Unterlage.

Dacheindeckungen sind durch eine Fassadenbegrünung nicht gefährdet, wenn man einmal im Jahr die Dachränder überprüft (was an den Traufseiten sowieso nötig ist, um die Regenrinnen zu säubern) und überstehende Triebe entfernt.

### 4. Verstopfen Kletterpflanzen die Dachrinne?

Das kann passieren, wenn man die Dachrinne nicht zweimal jährlich reinigt. Diese Arbeit ist aber immer nötig, denn umherfliegendes Laub von Bäumen verstopft sie ebenso. Solange kein Wasser in der Dachrinne stehen bleibt und sich kein Sumpf von faulen Blättern, Moosen und anderem Dreck in der Rinne sammelt, wurzeln hier auch keine Kletterpflanzen. Die Triebe der Pflanzen können sich nicht an der glatten Dachrinne festhalten, sollten aber immer von ihr ferngehalten werden, damit das Regenwasser ungehindert ablaufen kann. Halbrunde Gitter (Laubabweiser), die in die Rinne geklemmt werden, helfen, sowohl Falllaub als auch Kletterpflanzentriebe aus der Rinne fernzuhalten.

### 5. Dringen die Wurzeln der Kletterpflanzen in Rohre ein?

Das stimmt nur, wenn die Rohre bereits undicht sind und Wasser austritt. Das spüren die Wurzeln und wachsen dort hinein. Vom Wasser in intakten Rohren können sie aber nichts spüren. Abwasserrohre werden aber gerne umschlungen, weil an ihrer Grenzfläche, wie an einer Dränage, Bodenwasser entlangläuft. Da die feinen Wasser aufnehmenden Wurzeln keinerlei Sprengkraft entwickeln, schaden sie den Leitungen nicht. Dickenwachstum und Verholzen kommen nur bei Haltewurzeln vor, mit denen sich Gehölze im Untergrund verankern.

### 6. Schädigen die Pflanzenwurzeln Gehwege und Terrassen?

Kletterpflanzen lieben kühlen, feuchten Boden und wachsen mit den Wurzeln immer in die Tiefe. Voraussetzung ist, dass sie dort humosen, feuchten Boden finden. Deshalb sollte man sie in eine große Pflanzgrube mit guter Erde setzen und nach dem Anwachsen selten, aber tiefgründig wässern, sodass Wasser in die tieferen Bodenschichten gelangt. Nur wenn Nährstoffe und Feuchtigkeit in der oberen Schicht besser erreichbar sind als unten, wachsen Wurzeln nach oben und können gegebenenfalls auch Platten von Gehwegen oder Terrassen anheben.

### 7. Ist die Pflege der Kletterpflanzen nicht zu aufwendig?

Das trifft nur zu, wenn eine unpassende Pflanze gewählt wurde. Meist wird der Platzbedarf vieler Kletterer unterschätzt, sodass man sie mehrmals im Jahr zurückschneiden muss. Viele Pflanzen regt das zu noch stärkerem Wachstum an. Deshalb muss man immer die maximale Pflanzenhöhe und -breite auf den vorhandenen Platz zum Klettern abstimmen. Bei Kletterpflanzen, die geschnitten werden müssen, sollte man auch die Höhe der vorhandenen Leiter (bzw. die eigene Fähigkeit, hinaufzusteigen) berücksichtigen.

### 8. Wohin mit dem vielen Laub?

Wer fallendes Laub als Dreck empfindet, sollte vielleicht besser gar keinen Garten haben, denn alle Pflanzen (auch immergrüne) verlieren ihr Laub. Man kann es einfach unter eine Hecke rechen oder zusammenkehren und zu wertvoller Lauberde kompostieren. So werden die organischen und anorganischen Stoffe, die sich in den Pflanzenteilen befinden, wieder in den Bodenkreislauf zurückgeführt. Das Gleiche gilt für weiche, abgeschnittene Triebe. Verholzte, ältere Triebe kann man vor dem Kompostieren häckseln oder man schichtet sie wie anderes Reisig an einer Stelle im Garten auf und beglückt damit eine Reihe von Tieren, die sich über ein neues Versteck freuen.

### 9. Schließen sich Dach- und Fassadenbegrünung aus?

Eine richtig gelenkte Fassadenbegrünung wächst nicht auf das Dach. Ist bereits eine Dachbegrünung vorhanden, wählt man auf keinen Fall Selbstklimmer für die Fassade. Die Gerüstkletterer werden dann so gelenkt, dass sie das Substrat der Dachbegrünung nicht erreichen. So können sie hier nicht einwurzeln und die Dachbegrünung beschatten. Eine einfache »Dachbegrünung« für Nebengebäude, wie z. B. Flachdachgaragen, erreicht man, indem man starkwüchsige Kletterpflanzen darüber wachsen lässt. Den Ablauf für das Dachwasser sollte man aber immer frei halten und mit einem Drahtkorb vor dem Verstopfen durch Falllaub schützen.

**10. Ich habe gehört, Kletterpflanzen haben immer Krankheiten.**
Tatsächlich sieht man manchmal ungesunde Blattverfärbungen, vom Falschen Mehltau befallene Blätter sowie viele Blattläuse an jungen Trieben. Dies ist meist auf einen schlechten Standort zurückzuführen. Die Pflanzen leiden an Wasser- und Nährstoffmangel, sind durch Hitze gestresst oder auch zu stark gedüngt. Hier helfen nur eine genaue Ursachenforschung und die passende Maßnahme. Am richtigen Standort und gut gepflegt, sehen Kletterpflanzen genauso vital aus wie andere standortgerechte Pflanzen. Ein kurzzeitiger Befall mit saugenden oder fressenden Insekten schadet ihnen nicht. In einer naturnahen Umgebung stellen sich meist ganz schnell diejenigen ein, die vom reichen Insektenangebot profitieren und das Gleichgewicht wieder herstellen.

**11. Machen Tiere im Fassadengrün nicht zu viel Dreck?**
Tatsächlich erleichtern sich Tiere nicht in Wasserklosetts, sondern da, wo sie der Drang übermannt. Haben Vögel vorher Beeren gefressen, können sogar unangenehme Flecken auf dem Pflaster entstehen. Doch das passiert in jedem Garten, unabhängig davon, ob eine Fassade begrünt ist. Der Kot nistender Vögel landet in der Regel auf den Blättern der Kletterpflanzen und wird beim nächsten starken Regen wieder abgewaschen. Unter Dachüberständen fällt er mit dem Laub im Herbst ab. An nackten Fassaden fällt der Kot von Rotschwänzchen und Schwalben direkt auf das Pflaster darunter. Hier hilft ein angeschraubtes Kotbrett unter dem Nest. Höhlenbrüter tragen den Kot ihrer Jungen aus dem Nest und lassen ihn weiter entfernt fallen. Andere wie Mauersegler fressen sogar den Kot ihrer Jungen, damit das Nest nicht verschmutzt.

# Die Autorin

**Brigitte Kleinod** lebt im Taunus. Die Diplom-Biologin mit Fachrichtung Ökologie arbeitet als Gartenplanerin und Autorin zahlreicher Gartenbücher. Sie schreibt auch für Fachzeitschriften, hält Vorträge und Seminare. Seit über 20 Jahren berät sie Gartenbesitzer, aber auch Kindergärten und Schulen bei der Planung und Gestaltung ihrer Gärten. Als Mitglied im Naturgarten e.V., BUND und NABU setzt sie sich für naturnahe Bepflanzungen und umweltfreundliche Gartengestaltung ein. Doch auch menschenfreundliche und die Gesundheit fördernde Gärten sind ihr ein wichtiges Anliegen. Als fortgebildete Wohnberaterin für Senioren und Behinderte hat sie sich in den letzten Jahren besonders der rückenfreundlichen und seniorengerechten Gartenplanung und -gestaltung gewidmet.

Privat pflegt sie zusammen mit ihrem Ehemann einen 3000 Quadratmeter großen naturnahen Garten, in dem sie zahlreiche Hochbeete für Nutzpflanzen sowie vielfältige Lebensräume für die heimische Tierwelt geschaffen hat.

Informationen über die Beratungs-, Planungs- und Gestaltungsangebote der Autorin gibt es unter **www.kleinod-garten.de.**

# Anhang

## Wichtige Begriffe kurz erklärt

**Altersform**
Efeu bildet nach einer etwa 10 Jahre währenden Jugendform mit langen, biegsamen Trieben eine stark verholzende, kurztriebige, blühende und fruchtende Altersform mit herzförmigen Blättern aus.

**Armierung**
Gewebe, z. B. aus Glasfasern, zur Erhöhung der Festigkeit von Putzen und für die Überbrückung von Rissen.

**Ausläufer**
Im Boden kriechende Wurzeln oder oberirdisch kriechende Sprossteile, die der vegetativen Vermehrung und Ausbreitung der Pflanze dienen.

**Bauwerksbegrünung**
Umfasst sowohl Dach- als auch Fassadenbegrünungen von Wohnhäusern, aber auch die Begrünung von Balkonen, Mauern, Brücken und anderen von Menschen errichteten Bauwerken.

**Bentonit**
Ein natürliches Tongranulat, das Wasser, Nährstoffe und Bodenbakterien speichern kann. Macht sandige Böden lehmiger.

**Containerpflanze**
Pflanze mit Ballen in einem Topf, der bei Kletterpflanzen und Rosen höher ist, damit sich ein großer Wurzelballen bilden und ein Haltestab im Topf verankert werden kann.

**Direktbegrünung**
Begrünung einer Unterlage (Wand, Mauer etc.) ohne Kletterhilfe mit Selbstklimmern.

**Fassade**
Die Außenansicht eines Hauses, bestehend aus Stein, Klinker, Putz oder Holz. Ihre Tragfähigkeit und Oberflächenbeschaffenheit ist entscheidend für die Ansiedlung von Selbstklimmern. Die Montage von Kletterhilfen muss außer bei massivem Stein in die Unterkonstruktion der Fassadengestaltung erfolgen.

**Fassadenbegrünung**
Das Ansiedeln von Kletterpflanzen an einer Fassade, direkt oder mithilfe von Kletterhilfen, die an oder vor der Fassade angebracht werden.

**Frostbruch**
Erweiterung von Rissen oder Abblättern von Putz durch die Ausdehnung von gefrierendem Wasser.

**Gabione**
Ein Drahtgitterkorb, der mit Steinen oder Schotter gefüllt wird. Aufeinandergestapelte Gabionen stützen Hänge oder dienen als Lärmschutz-

wand. Gabionen können mit Kletterpflanzen begrünt werden.

**Gerüstkletterer**
Kletterpflanzen, die mithilfe ihres Sprosses oder ihrer umgebildeten Organe an anderen Pflanzen oder Kletterhilfen emporklettern (Gegensatz: Selbstklimmer).

**Haftscheiben**
Organe aus umgebildeten Blättern oder Seitentrieben, mit deren Hilfe sich die Pflanze an Unterlagen festhalten kann.

**Haftscheibenranker**
Selbstklimmer, die sich mithilfe von Haftscheiben an der Unterlage festheften.

**Haftwurzel**
Umgebildete Wurzeln von Selbstklimmern, die am Spross gebildet werden und die Pflanze mit dem Untergrund verankern. Sie bleiben kurz und nehmen kein Wasser auf.

**Kletterpflanzen**
Gehölze oder Stauden, die auf die Bildung eines Stamms bzw. stabiler Triebe verzichten und sich stattdessen mithilfe besonderer Organe an anderen Pflanzen, Felsen oder künstlichen Kletterhilfen festhalten und so recht schnell in die Höhe wachsen können.

**Lärmschutzwand**
Ein für die Begrünung geeignetes Bauwerk aus Betonfertigteilen, das durch seine Eigenmasse und/oder die darin enthaltene Erdmasse Lärm abhalten kann.

**Liane**
Umgangssprachlich für stark wachsende Schlingpflanzen, die von den Bäumen herabhängen. In den Tropen häufig, bei uns auch für die rankende Berg-Waldrebe *(Clematis montana)* gebräuchlich.

**Mauer**
Hier ein für die Begrünung geeignetes Bauwerk aus Naturstein, Klinker oder Betonsteinen im Garten bzw. an der Grenze.

**Pergola**
Laube oder Laubengang aus Stützpfeilern und einer Holz- oder Metallkonstruktion, an der sich Pflanzen emporranken können.

**Phototropismus**
*positiver:* Die Pflanzenteile wachsen zum Licht hin (Spross, Blatt).
*negativer:* Die Pflanzenteile wachsen vom Licht weg (Wurzeln, Haftwurzeln und Haftscheiben).

**pH-Wert**
Maß für den Säuregrad eines Stoffs, hier Boden. Ein pH-Wert kleiner 7 bedeutet sauer, genau 7 ist neutral und größer 7 basisch. Die meisten Pflanzen unserer Breiten vertragen pH-Werte von 6,5 bis 7,5 problemlos.

**Ranker**
Kletterpflanzen (Gerüstkletterer), die sich mit umgebildeten Seitensprossen, Blattstielen oder Blättern auf einen Kontaktreiz hin um geeignete Unterlagen herumwinden und so festhalten.

**Schlinger**
Kletterpflanzen (Gerüstkletterer), die sich auf einen Kontaktreiz hin mit ihrem Haupttrieb spiralförmig um eine Unterlage herum winden und so festhalten. Ob im oder gegen den Uhrzeigersinn, ist genetisch festgelegt.

**Selbstklimmer**
Kletterpflanzen, die sich mithilfe von Haftscheiben oder Haftwurzeln an rauen Unterlagen festheften und so ohne Kletterhilfe die Wand erobern.

**Sichtschutzwand (Sichtschutzzaun)**
Ein schmales, zur Begrünung geeignetes Bauwerk aus Flechtwerk, Bambus, Holz oder Kunststoff, das zwischen Pfosten montiert wird und den Gartenzaun ersetzt. Übliche und erlaubte Höhen sind 180 bis 200 Zentimeter an der Grundstückgrenze, die aber vorher erfragt werden müssen.

**Spreizklimmer**
Kletterpflanzen (Gerüstkletterer), die sich mithilfe von Stacheln, Dornen oder kurzen Seitentrieben an einem Klettergerüst verhaken und auf diese Weise beim Wachsen daran emporschieben.

**Trockenmauer**
Eine Mauer aus Natursteinen, die ohne Mörtel aufeinander geschichtet werden. Man sollte sie nur punktuell begrünen, damit Tiere die zahlreichen Hohlräume zwischen den Steinen und gegebenenfalls auch hinter einer angelehnten Mauer erreichen können.

**Wärmedämmung**
Eine nichttragende Gebäudehülle mit geringer Wärmeleitfähigkeit, die das Gebäude thermisch von der Umgebungsluft trennt. Sie wird i. d. R. außen angebracht und besteht aus Kunststoff oder Mineralwolle, die anschließend armiert und dann verputzt wird. Der Putz eignet sich selten für eine Direktbegrünung mit Selbstklimmern. Eine vor die Wärmedämmung gesetzte Verschalung aus Klinkern oder Holz ist dagegen stabiler und kann wie eine massive Wand begrünt werden.

**Wärmedämmputz**
Durch Zuschlagstoffe in der Wärmeleitfähigkeit reduzierter Putz (genügt heute nicht mehr den technischen Anforderungen für eine wärmegedämmte Gebäudehülle).

**Wüchsigkeit**
Jährlicher Zuwachs einer Pflanze, der aber sehr von Standortfaktoren wie Licht, Boden und Nährstoffversorgung abhängt.

**Wurzelkletterer**
Selbstklimmer, der sich mit Haftwurzeln an der Unterlage festheftet.

**Wurzelware**
Pflanzen (meist Gehölze), die ohne Ballen oder Container mit nackten Wurzeln verkauft werden. Sie müssen schnell eingepflanzt werden. Für die allermeisten Kletterpflanzen nicht empfehlenswert.

**Winder** (siehe Schlinger)

# Register der Kletterpflanzen

(Gattungsname alphabetisch)

# Bezugsquellen

## Rankgitter, Staketenzäune, Weidenelemente

**re-natur**
Charles-Roß-Weg 24
24601 Ruhwinkel
www.renatur.de

**Manufactum**
Hiberniastraße 5
45731 Waltrop
www.manufactum.de

**Gründenhof**
Thomas Elste
Gründen 2
76456 Kuppenheim
www.kastanienzaun.info

**woodline**
Gewerbestraße 19
79219 Staufen
www.woodline.de

**Adequat**
Goedentijd 66 B
5131 NS Alphen (NB)
Niederlande
www.kastanienholz.org

## Bezugsquellen für Pflanzen und Saatgut

Deutschland

**Clematiskulturen F.M. Westphal**
Peiner Hof 7
25497 Prisdorf
www.clematis-westphal.de

**Rühlemann's**
**Kräuter & Duftpflanzen**
Auf dem Berg 2
27367 Horstedt
www.kraeuter-und-duftpflanzen.de

**Bioland Hof Jeebel**
Biogartenversand
Jeebel 17
29410 Salzwedel OT Jeebel
www.biogartenversand.de

**Ahornblatt**
Untere Zahlbacher Straße 1a
55131 Mainz-Zahlbach
www.ahornblatt-garten.de

**Kräuter- und Wildpflanzengärtnerei Strickler**
Lochgasse 1
55232 Alzey-Heimersheim
www.gaertnerei-strickler.de

**Hof Berg-Garten**
Großherrischwand
Lindenweg 17
79737 Herrischried
www.hof-berggarten.de

**Staudengärtnerei Gaißmayer**
Jungviehweide 3
89257 Illertissen
www.gaissmayer.de

**Flora Toskana**
Schillerstraße 25
89278 Nersingen OT Strass
www.flora-toskana.de

Österreich

**Gartenbau Wagner**
Gutendorf 36
8353 Kapfenstein
www.gartenbauwagner.at

Schweiz

**Neubauer**
Biogärtnerei & Naturgärten
Lenzenhausstrasse 9
8586 Erlen
www.neubauer.ch

**Die Wildstaudengärtnerei Patricia Willi**
Neumühle 2
6274 Eschenbach
www.wildstauden.ch

## Nisthilfen

**Hasselfeldt Artenschutzprodukte**
Hauptstraße 86 a
24869 Dörpstedt / Bünge
www.hasselfeldt-naturschutz.de

**Der Wildtierfreund**
Naphausen 7
41366 Schwalm
www.wildtierfreund.de

**Vivara Naturschutzprodukte**
Kaiserswerther Straße 115
40880 Ratingen
www.vivara.de

**Manufactum**
Hiberniastraße 5
45731 Waltrop
www.manufactum.de

**Schwegler Vogel- und Naturschutzprodukte**
Heinkelstraße 35
73614 Schorndorf
www.schwegler-natur.de

**Keller Gmbh & Co. KG**
Konradstraße 17
79100 Freiburg
www.biokeller.de

## Weitere Informationen zum naturnahen Gärtnern

**Naturgarten e. V.**
Kernerstraße 64
74076 Heilbronn
www.naturgarten.org

**Naturgarten Netzwerk Österreich**
Tulpengasse 8A
4400 Steyr
www.naturgarten-netzwerk.at

**Bioterra & Verbund Naturgarten Schweiz**
Dubsstraße 33
8003 Zürich
www.bioterra.ch

**Netzwerk Springzaad / Stichting Oase**
Herenstrat 16
1797 AH Den Hoorn / Texel
Niederlande
www.springzaad.nl

**Offenen Gärten / Offene Gartenpforte**
www.blogspot.de/offene-gartenpforte
(Ziele und Termine in Deutschland, sortiert nach Regionen)

# Zum Weiterlesen

Ulrike Aufderheide: **Der sanfte Schnitt.** pala-verlag

Dirk A. Diehl: **Ein Garten für Fledermäuse.** pala-verlag

Irmela Erckenbrecht, Rainer Lutter: **Sichtschutz im lebendigen Garten.** pala-verlag

Wolf Richard Günzel: **Das Insektenhotel.** pala-verlag

Helmut und Margrit Hintermeier: **Blütenpflanzen und ihre Gäste.** Teil 1 bis 3. Obst- und Gartenbauverlag.

Brigitte Kleinod: **Nachts in meinem Garten.** pala-verlag

Brigitte Kleinod, Friedhelm Strickler: **Dächer begrünen.** Ulmer Verlag

Brigitte Kleinod, Friedhelm Strickler: **Naturnahe Dachbegrünung.** pala-verlag

Gernot Minke: **Dächer begrünen.** Ökobuch Verlag

Tanja Ratsch: **Sichtschutz im Garten.** Kosmos Verlag

Klaus Richarz: **Natur erleben rund ums Haus.** Kosmos Verlag

Reinhard Witt: **Naturnahe Rosen**. Band 2. Kletter- und Strauchrosen. Verlag Naturgarten (erhältlich beim Autor)

**Informationen im Internet:**

www.fassadengruen.de
www.fassadenbegruenungen.de
www.fbb.de (Fachverband Bauwerksbegrünung)
www.gartenbau.org

Brigitte Kleinod und Friedhelm Strickler:
**Naturnahe Dachbegrünung**
ISBN: 978-3-89566-303-1

Wolf Richard Günzel:
**Ein Garten für Eidechsen**
ISBN: 978-3-89566-334-5

Ulrike Aufderheide:
**Der sanfte Schnitt**
ISBN: 978-3-89566-320-8

Irmela Erckenbrecht und
Rainer Lutter:
**Sichtschutz im lebendigen Garten**
ISBN: 978-3-89566-268-3

Brigitte Kleinod:
**Nachts in meinem Garten**
ISBN: 978-3-89566-330-7

Peter Wohlleben:
**Bäume verstehen**
ISBN: 978-3-89566-299-7

Wolf Richard Günzel
**Das Insektenhotel**
ISBN: 978-3-89566-300-0

Dirk A. Diehl:
**Ein Garten für Fledermäuse**
ISBN: 978-3-89566-311-6

ISBN: 978-3-89566-339-0

Rheinstraße 35, 64283 Darmstadt
www.pala-verlag.de



Umschlag- und Innenillustrationen: Margret Schneevoigt

Lektorat: Barbara Reis

Satz und Gestaltung: Verlag Die Werkstatt, Göttingen
www.werkstatt-verlag.de

Druck und Bindung: fgb • freiburger graphische betriebe
www.fgb.de
Printed in Germany

Dieses Buch ist auf Papier aus
100 % Recyclingmaterial gedruckt
und klimaneutral produziert.

Print CO2 kompensiert
Id-Nr. 1440073
www.bvdm-online.de